斎藤一人

天とつながる 思考が現実になる法則

柴村恵美子
Shibamura Emiko

PHP研究所

自分が思ったこと
考えたことが
現実になるには

三つのポイント
があります。

一つめのポイントは
日々
使っている
言葉(口ぐせ)
を変えることです。

たとえば

「つまらないなぁ」

「ついてないなぁ」

が口ぐせの人は……

「つまらないこと」

「ついてないこと」

が起こります。

日々
天国言葉を
※53ページ参照
使っている人は……

いいことが
起こります。

二つめのポイントは
日々想像（イメージ）
すること
を変えることです。

たとえば

〝今月は売上目標
いかないかなぁ……〟

とイメージしている人は……

やっぱり
達成できません。

でも
〝楽しく
売上目標を
達成するぞ〜〟
とイメージしている人は……

楽しく売上目標を達成
することができます。

三つめのポイントは
自分の感情
とうまくつきあうことです。

いつも
怒ってばかりの人や
不安ばかり抱いている人は……

やっぱり
うまくいきません。

いつも
平常心で
「うまくいく」
と思っている人は……

やっぱり

うまくいきます。

では
この三つのポイントを

上手に活用するには

どうしたら
いいのでしょうか？

ズバリ

毎日を「上気元」で暮らすことです。

毎日を

「上気元」で

暮らすコツですか？

本書を読めば
明らかになります。

あなたに起こっていることは、すべてあなたが考えたことが現実になっている

「思考は現実化する」という言葉があります。

自己啓発本では常套句《じょうとうく》として使われ、多くの成功者が口にしている言葉です。

ナポレオン・ヒルが鉄鋼王アンドリュー・カーネギーへのインタビューを機に、20年間で500名以上の成功者を研究して書いた本、『思考は現実化する』（きこ書房）は全世界で7000万部以上売れ、今でも〝思考は現実化する〟をテーマにした本がベストセラーになるなど、売れ続けています。

その反面、自分の希望を叶えられず、夢をあきらめたり、目標を見失って悩んでいる人がたくさんいるのも事実です。

それでは、「思考は現実化する」というのはウソなのでしょうか？

私の実感として、**「思考は現実化」します。**

ただ、これだけでは少し、言葉が足りません。より正確にいえば、

「思考は〝良くも、悪くも〟現実化する」

のです。

たとえばもし、あなたの願いが現実化しないのであれば、それは**心のどこかに「どうせ無理に決まっている」といった、行動にブレーキをかける想いがあるのかもしれません。**

また、「ついてないなぁ」とか、グチや不平・不満を言っていると、そういったものも現実化してしまうのです。

北海道の田舎で育ち、学歴もお金もなかった私が、ポケットマネーで5億円のペントハウスを買えるまでになれたのも、まさに「思考が現実化した結果だ」と思っています。

本書では、**私が累計納税額日本一の大実業家である斎藤一人さんと出会い、どのように思考が変わっていったか、そして、どのように「思考が現実化する力」を使っ**

て、しあわせや豊かさを手に入れ、夢を実現させていったかを具体的に説明します。

思考が変われば行動が変わり、出会いが変わって、起きる出来事も変わるのです。

この本を通して、あなたの人生の新たな扉を開けるお手伝いができることを、心から願っています。

平成27年2月吉日

柴村恵美子

斎藤一人　天とつながる「思考が現実になる法則」　目次

あなたに起こっていることは、すべてあなたが考えたことが現実になっている

第1章

日々使っている言葉があなたの人生を決める

ついてるなぁ
宝くじ
宝くじ売り場

第2章 人生は、必ずあなたのイメージ通りになる

第3章

あなたの思考が現実化しない本当の理由

第4章 天とつながる「上気元思考」で人生を豊かに生きる

あなたにも相手にもいいことをしようね
お前だけが良ければいいんじゃ

神様からのプレゼントを上手に受け取るコツ

装丁：一瀬錠二(Art of NOISE)
本文イラスト：久保久男
出版プロデュース：竹下祐治
編集：越智秀樹(PHPエディターズ・グループ)

第1章

日々使っている言葉があなたの人生を決める

01

日々使っている言葉があなたの人生を決める

「変わりたい」と思って行動したのに、いつの間にかもとの自分に戻っていた……そんな経験はありませんか。人生を変えたいと思ったら、まずは自分の使っている言葉にフォーカスしてみましょう。

人はだれしも、一度や二度は「自分を変えたい」と思ったことがあると思います。

私が一番最初に「自分を変えたい」と思ったのは、小学校3年生のときです。

その頃の私は活発で、ちょっとおてんば。

悪くいえば、〝女の子版ガキ大将〟的な存在でした（笑）。

そんな私が「自分を変えたい」と思ったキッカケは、好きな男の子ができたことでした。

その子のことを考えると、「こんななおてんばな私は嫌われるんじゃないか」という想いが湧いてきます。

だから毎朝、学校に行くときに、「今日は変わるぞ！」とか、「今日こそ変身するぞ！」と思って出かけます。

でも学校が終わって家に帰るときには、「今日もやっぱり変われなかった」とガッカリしながら家路につく私がいるのです。

自分を変えようと思って色々と考えつくことを試すのですが、どれもうまくいきません。

最初は「これで自分は変われる！」と思うことでも、しばらくすると、もとの自分

に戻ってしまうのです。

一人さんとの出会いが私の人生を変えた

それから約9年後、私はある人との出会いで劇的に変わりました。

そのある人とはもちろん、**斎藤一人さんです**。

では、小学生のときにあれだけ毎日「今日は変わるぞ！」と思って変えられなかった私が、なぜ、一人さんと出会って変わることができたのか。

ひとことでいえば、**「思考が変わった」**ということになると思います。

でも、一人さんはいきなり私の思考を変えたわけではありません。

一人さんと出会ってまず、**私の使う〝言葉〟が変わりました。**
使う言葉が変わると、**起きる〝現象〟が変わります。**
その結果、**私の思考が変わり、私自身が変わっていったのです。**

思考が現実化する法則 01

❶思考を現実化するには、まず言葉を変える
❷言葉が変われば、起こる現象が変わる
❸起こる現象が変われば思考が変わり、考えたことが現実になっていく

02

願い事は言葉にして言うと早く現実化する

あなたは自分の夢や想いについて、口に出したことはありますか？心の中でひそかに願っているだけでは、現実にはなりません。言葉はエネルギー。言うことであなたの想いが天につながるのです。

「使う言葉を変えたくらいで、人がそう簡単に変わるわけがない」

なかには、そう思う方がいらっしゃるかもしれません。

でも、**言葉を変えれば確実に起きる現象は変わります**。

たとえばお蕎麦《そば》屋さんに行って、どんなに強く「きつねうどんを食べたい！」と思っても、言葉に出して「てんぷらそばをください」と言えば、出てくるのはてんぷらそばです（笑）。

言葉は具現化します。

それはてんぷらそばの例だけではなく、**あなたが使う言葉があなた自身を形成し、あなたを導いていくからです**。

なにか願い事があるとき、心の中で強く願うことも大切ですが、**実際にそれを言葉にして言ったほうが早く実現します**。

「仕事を見つけたい」という場合でも、実際にそれを言葉にして言えば、それを聞いた人が「あそこの会社、募集してたよ」とか、「ウチの会社で働かない？」というように、発した言葉に反応するからです。

言葉はあなたの想いを伝えるエネルギー

相手のことを大切に思うのでも、言葉にして「あなたのことが大切なんだ」とか「愛してるよ」と言葉にして言ったほうが、何百倍も相手に伝わります。

それはただ、「大切なんだ」とか「愛してる」という〝意味〟が伝わるだけではなく、**あなたの想いがエネルギーとなって相手に伝わるのです**。

たとえば、言葉の意味を理解できない動物や植物に対してでも、「ありがとう」とか「かわいいね」といった言葉をかけていると、それは必ず伝わります。

女優の川島なお美さんがこんな実験をしました。

同じ条件で同じ品質のみかんを瓶に入れます。一つ目の瓶には「ありがとう」と書いて貼り、二つ目には「ばかやろう」と書いて貼り、三つ目には〝無視・無関心〟でなにも貼らずにおき、その三つの瓶を2カ月間、冷暗所に放置したそうです。

すると、「ばかやろう」と書かれた瓶のみかんは泣いているかのように白いカビが生え、なにも書かれずに無視された瓶のみかんはもっと悲しげに真っ白なカビで覆《おお》われました。

ところが「ありがとう」と書かれた瓶のみかんにはカビ一つはえず、みずみずしいままだったそうです（川島なお美オフィシャルブログ「『なおはん』のほっこり日和」2014年10月15日の記事より）。

思考が現実化する法則 02

❶ 願いを口に出せば、実現のヒントや情報が集まる

❷ 言葉は意味を伝えるだけではなく、あなたの想いのエネルギーを相手に届ける手段である

03…

あなたには、あなたが発した言葉通りのことが起こっている

落ち込んでいるときや不安なときに限ってイヤなことが起こる……そう感じたことはありませんか？　そんなときこそ発している言葉を見直してみましょう。

目には見えませんが、この地球上には様々な電波が行き交《か》っています。

テレビやラジオ、携帯電話や無線機のものなど、数え切れないくらいたくさんの電波が飛び交っています。

その中で間違えずに自分の受けたい電波をキャッチするには、それと同じ周波数の電波を出さなければなりません。

たとえばテレビでＮＨＫの番組を観たいのであれば、テレビのチャンネルをＮＨＫに合わせますが、このときテレビのアンテナはＮＨＫの電波と同じ周波数の微弱な電波を出します。

そうすることで、たくさんの電波の中から間違えずにＮＨＫの電波を受信することができるのです。

いいことが起こるのは、あなたがいいことが起こるような言葉を言ったから

言葉はときに、このアンテナの役割を果たします。

たとえば、「うれしいなぁ」とか「ありがたいなぁ」という言葉を発していると、

また「うれしいなぁ」とか「ありがたいなぁ」と言いたくなるような出来事が起きます。

逆に「ついてないなぁ」とか、「ばかやろう！」という言葉を発していると、「ついてないなぁ」とか「ばかやろう！」と言いたくなるような出来事を引き寄せてしまうのです。

あなたが楽しいバラエティー番組を観たいのであれば、そのチャンネルに合わせれば観ることができます。

たまたまつけたテレビがホラー映画をやっていて、それを観たくないのであれば、テレビを消すか、他のチャンネルに変えれば観ずにすみます。

それと同じことが、あなたの目の前で起こっているのです。

もし、**あなたに起きている出来事が「楽しいこと」ならば、それはあなたが楽しいことを考えたり、楽しいことに**

つながる言葉を発していたからです。
「つまらない」とか「おもしろくない」と言いながら、「楽しいこと」を引き寄せることはできないのです。

思考が現実化する法則 03

❶言葉はときにアンテナの役割をする。マイナスの言葉は、マイナスの出来事をキャッチする
❷プラスの言葉を発することで、楽しい出来事を引き寄せる

04

良いドラマは良いセリフによって作られる

あなたはどんな人生を送りたいですか？　良いドラマが良いセリフから作られるように、いい人生はいい言葉から作られます。あなたは、自分が送りたい人生に合ったセリフを発していますか？

映画でもテレビでも、ドラマを作るときには必ず台本があります。

役者さんは、ときにアドリブを入れたりもしますが、基本的には台本に書かれたセリフを言います。そうすることで、出演者全員が一つのドラマを演じるのです。

ドラマにおいて、セリフはとても重要です。

良いドラマは、良いセリフによって作られるといっても過言ではありません。

実際、話題になるドラマや評判の良い映画には、必ず印象的なセリフが登場します。たとえば、

「事件は会議室で起きてるんじゃない。現場で起きてるんだ！」

「同情するなら金をくれ！」

「君の瞳に乾杯」

「明日は明日の風が吹く」

といったセリフは、それだけでその作品が連想できるぐらいインパクトのある言葉です。

また、同じストーリーでもセリフを少し変えるだけで、全体のイメージをかなり変えることができます。

一つのドラマでもセリフを変えることで「悲劇」にも、「喜劇」にもすることができるのです。

あなたの人生の主役はあなたである

これとまったく同じことが、あなたの人生にも当てはまります。

あなたの言った言葉、つまりセリフがあなたの人生を決めます。

そのセリフ次第で、あなたの人生は「悲劇」にも「喜劇」にもなり、「ハッピー・エンド」にも「サクセス・ストーリー」にもなるのです。

そうだとするなら、あなたはどんなドラマを生きたいですか？

そして、そのドラマにあったセリフを発していますか？

あなたは、あなたの人生の主役であり、監督であり、脚本家でもあります。

さらにいえば、相手やまわりの人たちの人生の「悪役」にも、「名脇役」になることもできます。

そうやって考えてみると、なにげなく使っている言葉がどれだけ大切かがわかってきますよね。

思考が現実化する法則 04

❶ いいセリフがいいドラマをつくるのと同じように、使う言葉によってあなたの人生は変わる

❷ 自分の理想の人生に合った言葉を選んで言うようにしよう

05…

「ついてる」ことがなくても「ついてる」と言ってみる

「天国言葉」「地獄言葉」を知っていますか？　「天国言葉」は言えば言うほど人生が楽しくなりますし、「地獄言葉」は言えば言うほどイヤなことを引き寄せます。あなたはどちらの言葉をよく使いますか？

言葉の大切さはご理解いただけたと思いますが、では実際にどんな言葉を使えばいいのでしょうか。

簡単にいえば、自分の心が明るくなったり、楽しくなったり、うれしくなったりする言葉で、まわりの人も同じような気持ちになれる言葉を使えばいいのです。

とはいっても、なかなかそういう言葉が思い浮かばない人もいます。

そういう人はまず、次のような**「天国言葉」**を言うようにしましょう。

愛してます
ついてる
うれしい
楽しい
感謝してます
しあわせ
ありがとう
ゆるします

それと同時に、次のような「地獄言葉」を言わないようにすることも大切です。

恐れている
ついてない
不平不満
グチ・泣きごと
悪口・文句
心配ごと
ゆるせない

「天国言葉」をたくさん言っていると、また言いたくなるような、しあわせなことがたくさん起きるようになります。
逆に「地獄言葉」を言っていると、もう一度こういう言葉を言ってしまうような、イヤなことを引き寄せてしまうのです。

「天国言葉」は、思っていなくてもいいから、口に出して言うことが大事

「天国言葉」を使うときに大切なのは、〝**思っていなくてもいいから、口に出して言う**〟**ということです**。

たとえば、「ついてる」という言葉を言うのでも、「ついてる」と思える出来事が起こるまで待っていたらなかなか言えませんよね。

それよりもまず、**思っていなくてもいいから口に出して言う**。

そうすると、不思議と「ついてる」と思えることが起きるようになるのです。

聖書にも「始めに言葉ありき」とあります。

私たちは言葉にしたものを認識します。逆にいえば、言葉にできないことは認識できません。

それがたとえ形のないものであっても、その概念を言葉にすることで、その存在を認識することができるのです。

思考が現実化する法則 05

❶「天国言葉」を使えば、いいことが自然と引き寄せられる

❷たとえ思っていなくてもいい。口に出して言い続けること

❸言い続けると、また言いたくなるような出来事が起こる

06

「天国言葉」を使うと、〝いいこと〟が起こる理由

言うだけで人生が思い通りになるなんて、信じられない……そんなふうに思っているかもしれませんね。そこで、言うだけで楽しい気持ちで満たされて、「いいこと」が起こるしくみをご紹介します。

それではなぜ、「天国言葉」をたくさん使っていると、また言いたくなるような〝いいこと〟が起きるようになるのでしょうか。

これには様々な理由があります。

まず、「天国言葉」を言っていると、〝しあわせ物質〟と呼ばれる脳内ホルモンの一種であるセロトニンが分泌されます。

セロトニンは精神を安定させる働きがあるので、不安やイライラした気持ちを和《やわ》らげてくれるのです。

なにかイヤなことが起こってイライラしたり、不安な気持ちを引きずっていると、体は硬直し、血液の循環が悪くなります。

そんな状態では実力も発揮できませんし、あなたの魅力も半減してしまいます。

「泣きっ面に蜂」や「弱り目に祟《たた》り目」といったことわざがあるように、悪い状態はそのままにしていると、さらに悪い状態を引き寄せてしまいます。

つまり、「天国言葉」をいつも言っていると、〝いいこと〟が起こればその状態が長続きし、〝悪いこと〟が起こっても、すぐに切り返しができるようになるのです。

脳が足りないものを補おうとする機能を利用する

また脳には、足りないものを補おうとする機能があります。

体に栄養が足りないと、その栄養を補える食べ物を無性に食べたくなります。

それと同じことが、「天国言葉」を言っていると起こるのです。

たとえば、「しあわせだなぁ」と言っていると、脳は一番しあわせな瞬間の感覚を覚えているので、そこに足りないものを無意識に補おうとします。

「ついてる」という場合も、いつも「ついてる」と言っていると、脳は無意識に「ついてること」

を探します。

つまり、言っている状態に足りないものを、脳は勝手に探したり、無意識に補う行動をさせようとするのです。

思考が現実化する法則 06

❶「天国言葉」を言うと脳にしあわせ物質が分泌されて、不安やイライラが和らぐ
❷不安やイライラが解消されると〝いいこと〟が起こる
❸脳には足りないものを補おうとする機能がある
❹その機能を利用して「ついてる」「楽しい」状態をつくり出そう

07

言葉のエネルギーを上手に活用すれば人生は思うまま

会話をすると元気が出たり、どーんと落ち込んだりすることがありますよね。言葉は単に意味を伝えるだけでなく、言葉に宿るエネルギーを伝える役割も果たしています。言葉を上手に使う方法とは？

古来から日本人は言葉をとても大切にしてきました。

それは言葉にも命が宿ると信じていたからです。

それが「言霊《ことだま》」の所以《ゆえん》です。

この言霊の作用の中でも、**最も強力な言葉を集めたのが「天国言葉」なのです。**

逆に、しあわせに対して最も反作用が強いのが「地獄言葉」です。

言霊自体に〝良い・悪い〟という区別はありません。だから、どんな言葉にも霊的な力を宿らせることができます。

相手のしあわせを願う言葉を発すれば、相手にしあわせが届くだけでなく、自分にも願ったものが返ってきます。

逆に相手の不幸を願う言葉を発すれば、それは相手に届くかもしれませんが、自分にもその不幸が降りかかります。

まさに「人を呪わば穴二つ」なのです。

さらにいえば、呪いは〝のろい〟ので（笑）、相手にその呪いが届く前に自分がその言霊の毒で不幸になってしまいます。

言葉は波動であり、エネルギーそのもの

言葉になにがしかの力が宿るメカニズムについては、「波動」という見方で説明することができます。

現代物理学の基礎である量子力学が示す通り、すべての物質は〝波〟という性質を併せもっています。

それは目に見える物質だけでなく、空気や光や音といったものも同じです。

言葉も人間の口から発せられた音であり、すべての言葉にはそれぞれ固有の波動が存在します。

波動は〝波の動き〟であり、エネルギーそのものなのです。

先に紹介した、川島なお美さんのみかんの実験も、言葉は波動であり、エネルギーそのものだと考えれば、実験で起きた現象も納得できますよね。

私たちがなにげなく言っている言葉自体がエネルギーとなり、自分を励ましたり、相手を元気にするのです。

でも、その言葉も使い方によっては、自分の元気を減らしたり、相手を傷つけたり、エネルギーを奪ったりもするのです。

だから、私たちは普段から使う言葉には気をつけて、どうせ使うのなら自分にも相手にも良い「天国言葉」を使い、「地獄言葉」は使わないようにしましょう。

思考が現実化する法則 07

❶ 言葉のエネルギーは言った本人にも返ってくる

❷「地獄言葉」を使えば、自分も相手もエネルギーが減る。「天国言葉」を使えば、自分も相手もしあわせになれる

08

「天国言葉」を上手に使いこなすための三つのコツ

「天国言葉」をたくさん言いたいと思っていても、ときには気持ちがついていかないこともあるでしょう。愛にあふれた「天国言葉」を上手に言うための習慣についてご紹介しましょう。

「『天国言葉』が大切なのはわかっているのですが、イヤなことがあるとつい、『地獄言葉』を言ってしまうのです」とか、「怒っているときに『天国言葉』が言えません。こんな私はダメでしょうか?」といった質問を受けることがあります。

大丈夫です!

そんなあなたのために、「天国言葉」を言うための三つのコツを教えます。

まず第一のコツは、先にも言いましたが、**思っていなくてもいいから口に出して言うことです**。

イヤなことがあって心の中では「ついてないなぁ」と思っても、とりあえず口に出して「ついてる!」と言うのです。

第二のコツは、**プラスのことを探して「天国言葉」を言うことです**。

たとえば道を歩いていて転んで膝《ひざ》をすりむいたら、「骨折しなくてよかった〜。膝をすりむいただけですんで、ついてる!」と言うのです。

なにかで失敗したら、「うまくいかない方法がわかって、ついてる! 次は改良してうまくやろう!」と言えばいいのです。

「地獄言葉」を使っても、最後に必ず「天国言葉」をつけるとうまくいく

そして第三のコツは、**最後は必ず「天国言葉」を言うことです。**

どんなに「地獄言葉」を言ってしまっても（もちろん、言わないに越したことはないのですが）、最後に「天国言葉」を言えばいいのです。

人が言う言葉では、最後に言った言葉が引き寄せられます。

たとえばタクシーに乗って「新宿に行ってください」と言っても、「やっぱり、新小岩に行ってください」と言うと、タクシーの運転手は新小岩に向かいますよね。

それと同じなのです。

「終わり良ければすべて良し」といいますが、最後に「天国言葉」で締めれば、そのことが次に続きます。

とにかく最後は「天国言葉」で締めるようにしていると、それまではすぐに「ばかやろう！」と怒鳴っていたのが、「ばかだなぁ」となり、「もう、しょうがないなぁ」と、言葉がどんどんやわらかくなっていきます。

そうやって少しずつでも「天国言葉」を言う習慣をつけていけば、いつの間にか「地獄言葉」を言う機会も減って、自然と「天国言葉」が出てくるようになるのです。

ちなみに、一人さんは「天国言葉」の達人なので、口にする言葉のすべてが愛にあふれています。

私も日々、一人さんのような「天国言葉」の達人になれるように、精進しています。

思考が現実化する法則 08

❶気持ちがマイナスのときも、「ついてる!」と言ってみる

❷「地獄言葉」を使ってしまったときは、最後は「天国言葉」で締めくくるようにする

09

あなたの行動がすぐさま変わる「感謝してます」

「天国言葉」のなかで、最もおすすめなのが「感謝してます」です。実際にあった体験談をもとに、相手の記憶に残り、即効性があって効果も高い、この言葉の魅力をご紹介します。

八つある「天国言葉」の中で、**私が一番よく使う言葉は「感謝してます」**です。

これは実際にお礼などを言う場面に使うだけでなく、「おはよう」とか「こんにちは」といった挨拶《あいさつ》代わりに「感謝してます」という言葉を使っています。

『銀座まるかん』に電話をかけたことがある人はご存じかもしれませんが、私たちは、「感謝してます。銀座まるかんです」と言って電話に出ます。

この「感謝してます」という言葉は、相手の記憶にとても残る言葉なのです。

先日もこんなことがありました。

東京でタクシーに乗ったとき、私は用事があって携帯で電話をかけました。

そして話し終わると、ドライバーさんが、「お客様を以前にも乗せたことがあるのを今、思い出しました」と言うのです。

そこで、なぜ思い出したのかを聞いてみると、「お客さんが電話で『感謝してます』と言うのを聞いて、いい言葉を話す人だなぁと思って、それがすごく記憶に残っていたんですよ」と言ってくれました。

こういうことは一度や二度ではありません。

私は仕事で出張することが多く、連絡をとるのも移動しながら携帯電話を使うことがほとんどです。

ただ、飛行機の中では携帯での通話ができませんし、新幹線の中でもまわりの迷惑になるので使えません。

〝歩きながら〟というのも危ないので、どうしてもタクシーに乗ったときに電話する機会が増えます。

そのため、このようにタクシーに乗ったときに「感謝してます」という言葉を聞いて、「お客さんのこと、覚えてますよ」と言われる機会がすごく多いのです。

「感謝してます」で売上が倍増したおがちゃん

私の知り合いで、一人さんの教えを実践して大成功をした経営者に尾形幸弘さん（おがちゃん）がいます。

おがちゃんは居酒屋経営に行き詰まっていたときに一人さんの本と出合い、そこで「一人さんがもし、居酒屋を経営したら」というコンセプトでお店を変えました。

それが大成功し、現在は居酒屋だけでなく、酒屋や米屋の経営も手がけて成功しているのです。

そのおがちゃんが、「数ある一人さんの教えの中で、一番即効性があって成果がすごい！」と言って実践しているのが**「感謝してます」**なのです。

それまでもお店では、お客様に対して「ありがとうございます」とは言っていたのですが、そこに**「感謝してます！」を加えたところ、売上が倍増したそうです。**

このように「感謝してます」は、相手の記憶に残るだけではなく、その行動までも変えてしまう力があるのですね。

思考が現実化する法則 09

❶ 相手の記憶に強く残る「感謝してます」

❷ 「感謝してます」は、数ある一人さんの教えの中でも最も即効性があって、絶大な効果を誇る魔法の言葉

第 2 章

人生は、必ずあなたのイメージ通りになる

10

イメージできるものだけが現実になる

あなたは今の状況に満足していますか？　満足でも、そうでなくても、それはあなたがイメージ通りに生きてきた結果なのです。思い通りの人生を送るための、イメージのもち方とは？

前章では「思考を現実化する」ために、まず「言葉を変えること」の重要性を述べました。

続いて本章では〝イメージ〟の大切さと、その活用の仕方についてお話ししたいと思います。

2014年の6月に私はご縁をいただいて、TBSのテレビ番組『Gメン99』に出演させていただきました。

当初は1回だけのつもりだったのですが、とても好評をいただいて、結果的に3回も出させていただくことになりました。

その2回目の放送のときに私がなにげなく、よく使っている言葉について話をしたところ、番組のプロデューサーさんが、「その言葉、すごくいいですね！」と反応してくれました。

そして番組内でも大きく取り上げられ、私たちの仲間うちでも大流行した言葉があります。

それは、

「イメージ広がる！」

です。

私自身、この言葉を意識的に使っていたわけではまったくなかったのですが、改めてこの「イメージ広がる！」の意味を考えてみると、その重要性がわかってきました。

あなたは、あなたがイメージした通りの人生を生きている

私たちはイメージ通りに生きています。

「そんなことはない。現に私は今の人生に満足していないし、『こんな生き方はイヤだ！』と思っている」

と言う人がいるかもしれませんが、その生き方を変えられないのだとしたら、その人はやはり、そのイメージ通りに生きた結果が今の状況なのです。

ではなぜ、「こんな生き方はイヤだ！」と思いながら、その生き方を変えることができないのでしょうか。

それは、**イメージが広がらないからです。**

いくら「こんな生き方はイヤだ！」と思っても、具体的にどんな生き方ならいいのかというイメージが広がらないと、その状況のままです。

「しあわせになりたい」とか「お金持ちになりたい」と漠然と思っても、そのイメージ自体に広がりがないと変わりようがありません。

つまり、漠然としたイメージではなく、より具体的なイメージをもつことで人生は変わるのです。

思考が現実化する法則 10

❶人はだれしも自分がイメージした通りの人生を生きている

❷もし現実があなたのイメージ通りでないなら、それはあなたの中でイメージが広がっていないから

❸漠然としたイメージではなく、より具体的なイメージをもつ

11…

斎藤一人流
イメージを広げるトレーニング

イメージを広げるといっても、最初はどうしたら良いかわからないかもしれませんね。そこで、だれでも手軽に簡単にできる、イメージを広げるためのトレーニング法をご紹介します。

思えば、私がこうして「しあわせな大セレブ」になれたのも、一人さんが私のイメージを広げてくれたおかげです。

私が生まれ育ったのは北海道の上士幌町《かみしほろちょう》という人口約5000人の町から、さらに数キロ離れた、今ではもう廃村になってなにもない、山に囲まれた小さな村です。

そんな田舎で育った私には、漠然と「豊かになりたい」という想いはありましたが、どうすれば「豊かになれるか」というイメージはまったくありませんでした。

そんな私に、出会って間もないころの一人さんは、まず私の顔をじっと見て、こんな言葉をかけてくれました。

「恵美ちゃんはすごく働き者だね。だから、事業家向きだよ。

あのね。世の中にはお金が流れる川があるんだよ。その川にちょっと手を入れると、川の流れが自分のところにスーッと入ってくるの。

どうだい。その川に手を入れて、流れを変えてみないかい?」

また、こんなこともよく言ってくれました。

たとえば海へドライブに行って、その先に小さな島を見つけると、

「あの島を恵美ちゃんにプレゼントするよ。今日からあの島を『恵美子島』と名づけ

よう」

とか、

「向こうに山が連なっているけど、どの山がいい？　好きなのを恵美ちゃんにあげるよ」

って言うんです。

もちろん、それを実際に買ってプレゼントしてくれるわけではありません（笑）。

これは一人さん流のジョークであり、豊かな気持ちになって、自分のイメージを広げるためのトレーニングみたいなものなのです。

私の口ぐせが「イメージ広がる！」になった理由

他にもこんなことがありました。

夏が終わって、風景も秋らしくなってきたときに、私はふと、一人さんに「秋ってさみしいよね」って言ったんです。

私の生まれ育った北海道の秋は短く、すぐに長く厳しい冬がやってきます。だから、私にとっての秋の印象は、「さみしい」だったのです。

でも、それを聞いた一人さんは、

「恵美ちゃん、秋は〝美味しい〟だよ。秋は収穫の季節でいろんな美味しいものが採れるし、『食欲の秋』とも言うしね」

と言ってくれました。

「秋はさみしい」だとイメージは広がりませんが、「秋は美味しい」だと「あれ、食べたい！」とか「これ、食べよう！」と、どんどんイメージが広がっていきます。

このように、とにかく一人さんは徹頭徹尾、私の心が豊かになるように、そしてイメージが広がるようなことを言ってくれました。

それがいつしか私の口ぐせ、「イメージ広がる！」につながっていったのです。

思考が現実化する法則 11

❶景色や季節など、目に見えるものにいいイメージをもつ

❷そこから、どうしたら豊かになれるかを連想していくことで、イメージをどんどん広げていく

12

イメージが広がると予想を超えたものまで引き寄せる

実際にイメージが広がると、どんなことが起こるのでしょうか。イメージが広がったことで問題が解決し、予想もしなかった出来事を引き寄せた、私の体験談をご紹介します。

イメージが広がると、その先には必ず「楽しさ」や「うれしさ」があります。

逆に、イメージが広がらないときは大体、自分のやりたくないことになるか、やってもうまくいきません。

だから私はなにかが起きると必ず、そのことで**自分のイメージが広がるかどうかを考えるようにしています**。

そうすると、不思議と色々な問題も解決するのです。

たとえば、TBSのテレビ番組『Gメン99』に3度目の出演依頼があったとき、その回のテーマが「セレブの夏休み」だったのです。

そこで、番組のディレクターさんから、「柴村さんの夏休みに同行させてもらえませんか?」と言われました。

一般的なセレブのイメージだと、夏休みは豪華な海外旅行とか、クルーザーを貸し切っての船上パーティーとかになるのでしょうが、私の場合はそういうものに興味がありません。

それよりも私にとっては、仕事の仲間と会うのが一番楽しく、全国の仲間に会いに行くこと自体が仕事であり、かつ最大のレジャーなのです。

でも、それでは番組的に盛り上がりに欠けます。

そこでなにか番組的にも良くて、自分のイメージが広がるようなことがないか、考えてみることにしました。

イメージ力がつくと、夢は現実になる

そこで出てきたのが〝宇宙〟のイメージです。

私は昔から、宇宙に対してすごく強い興味と憧れがありました。だからなにか、宇宙につながるような夏休みの過ごし方ができないかなぁと考えたのです。

するとしばらくして、ある知人から、「飛行機に乗って、宇宙に行ったような無重力体験をしませんか？」というお誘いがありました。

それは結果的に番組の収録に間に合わなかったので実現しませんでしたが、「それなら」ということで、その知人を介してプライベートジェット機をチャーターすることができ、それに乗って八丈島に夕日を見に行くことになりました。

そこで私はバナナボートやスイカ割りなど、人生初の様々な体験をすることができ

ました。さらに、番組的にも「いい画《え》が撮れました」と言ってもらえ、みんなに喜んでもらうことができました。

このように、イメージが広がると必要なものがどんどん引き寄せられ、思っていた以上に楽しく、まわりにも良い形で問題も解決されていくのです。

すべては「一人さんを3倍広めたい！」から始まった

さらに、この話には続きがあります。

先にも触れたように、私は昔から宇宙に対して強い憧れがありました。漠然と、「いつの日か、宇宙の渚《なぎざ》（地球と宇宙の境界線）に行って、そこから地球を眺《なが》めてみたいなぁ」と思っていたのです。

でも、私のような〝一商人〟が宇宙に行くことなんて、とても無理だとも考えていました。

それがなんと、この度の縁がつながって、宇宙旅行の切符を手に入れることができたのです！

（その話はまた、別の機会にぜひお話しできればと思っています）。

そしてさらに言えば、こうして様々なご縁が広がったのも、もとは**「一人さんを3倍広めたい！」という想いからでした**。

私は一人さんを知って、経済的にも精神的にも豊かになりました。このしあわせを独り占めするのではなく、もっと多くの人に知ってもらいたい！

そんな想いから、「一人さんを3倍広めたい！」と思うようになり、その「一人さんを3倍広める」というイメージを広げていった結果、講演会や出版という機会をたくさんいただくようになり、そのために必要な人とつながることができて、さらにはテレビ出演という機会まで引き寄せたのです。

それに加えて、自分の長年の憧れであった〝宇宙〟まで引き寄せることができ、我ながら「イメージ広がる！」のすごさをしみじみと実感しています。

思考が現実化する法則 ⑫

❶イメージが広がった先には「楽しさ」や「うれしさ」がある

❷なにかをやるときには、イメージが広がるかどうかを考えよう

❸イメージが広がると様々な問題が解決し、やがて夢をも引き寄せられる

13

楽しいことを引き寄せたいなら、楽しいことをイメージする

思いもよらないうれしい出来事を引き寄せるためには、どのようにイメージを広げたら良いのでしょう。自分が好きなことや、相手の気持ちを考えてみると、おのずと答えは見つかります。

人によって、イメージの広げ方は様々だと思います。

散歩をしているときにイメージが広がる人もいれば、自分の部屋でボ～ッとしているときや、旅をするとイメージが広がるという人もいます。

でも共通していえることは、**楽しいことを引き寄せたいのであれば、楽しいことをイメージするということです。**

たとえば買い物が好きな人なら、ウインドー・ショッピングをしているだけでイメージが広がるはずです。

「このジャケットはきっと、あのパンツに合うわ」とか、「このバッグをもって、あそこに出かけたい」とか、買う前からイメージが広がります。

さらに、「これを買うためにはもっと稼《かせ》ごう！」とか、「もっと稼ぐために、新しいことにもチャレンジしよう！」とか、仕事の意欲や新しいアイデアにもつながっていくのです。

私は講演会で話す内容を考えるときも、そこに来てくれる人が喜んでくれたり、楽しんでくれるようなことを常にイメージするようにしています。

たとえば、札幌で講演会をするなら、「きっと、あの人が来てくれる」と来ていただけそうな具体的な人を想像しながら、「あの人ならこんな話をしたら喜んでくれる」とか、その人が笑顔になることを思いながら話す内容のイメージを広げます。

本を書くときでも、「カナちゃんならきっとこの話、気に入ってくれる」とか、「ユウさんにはこの話をしてあげたい」といったように、なるべく具体的な人のことを想いながら、さらにその先の読者の方にイメージを広げて、書く内容を決めるようにしています。

これがただ、「どんな話ならウケるだろうか」とか、「売れる本を作るにはどんなことを書けばいいのか」と考えるだけではイメージは広がりません。

いつも目の前の人に全力投球をする

こうしたことをするようになったのも、やはり師匠である一人さんの影響です。

一人さんはとにかく、**いつでも目の前の人のしあわせを願っている人なのです**。

ドライブに行ったときに立ち寄ったサービスエリアで、そこのトイレを掃除してくださっている方にも、偶然入った食堂の店員さんにも、『一人さんファンの集まるお店』に来られた方にも、日比谷公会堂などで何千人という人を目の前にしても、一人さんが考えることはただ、**「目の前の人のしあわせ」だけなのです**。

それが「知らない人だから手を抜く」とか、「観客が1人だからこれぐらいでいいか」とか「1000人だから一生懸命に話そう」というのも、まったくありません。

ただただ、目の前の人に全力投球するのが一人さんなのです。

思考が現実化する法則 13

❶好きなことをしたり、人が喜ぶことを想像しながらイメージを広げると、楽しいことがどんどん引き寄せられる

❷「目の前の人のしあわせ」に集中する

14

しあわせな人、豊かな人と一緒の時間・空間を過ごす

しあわせって〝うつる〟ことをご存じですか？　しあわせを引き寄せたいなら、豊かな人、しあわせな人と一緒に過ごす時間を増やしましょう。するとあなた自身も自然としあわせになっていきます。

言葉と同様に、イメージも「アンテナ」の役割を果たします。

だからまず、自分がしあわせな状態になることを引き寄せたいのなら、**自分がしあわせになっている姿をイメージするのです。**

そして自分が「うれしい」とか、「楽しい」と思えることを連想していくと、そのイメージは広がっていきます。

さらに自分だけではなく、自分のまわりの人も「うれしい」「楽しい」「しあわせ」と思ってくれるようにイメージを広げていくと、引き寄せる力はもっと強くなります。

重要なのは、**そのイメージがより具体的で、リアルに自分がそれを感じることができるかどうかです。**

たとえば「車がほしい」だったら、その車の車種や色も想像できないといけません。ただ漠然と「車がほしい」だけだと、引き寄せようもないですからね。

さらにその車に乗ったときの感触、車内の匂い、走っているときに窓を開けたときの風まで感じるぐらい具体的にイメージできればベストです。

そして肝心なのは、**その車に乗っている自分が「ワクワク」して、「うれしい」「楽**

しい」とリアルに感じられるかどうかです。

しあわせは〝うつる〟!?

もし、自分の「しあわせイメージ」をリアルに感じられなかったり、あまり広げられないのなら、まずは自分が「しあわせ」と感じられる場所に行ってください。

東京ディズニーランドやユニバーサル・スタジオ・ジャパンのような、楽しいテーマパークに行くのも良いですし、キレイな眺めの場所や絶景ポイントに行ってみるのも良いです。

高級ホテルのラウンジでお茶をしてみるのもオススメです。豊かなイメージが広がります。

さらにオススメなのは、**実際にしあわせな人、豊かな人と同じ時間、同じ空間を一緒に過ごすことです。**

そういう人と一緒にいると、「しあわせってこういうことなんだな」とか、「豊かさってこんな感じなんだ」ということを、リアルに感じることができます。

さらに良いことに、しあわせって〝**うつる**〟**のです**。

だから、できる限り、一緒にいるならしあわせな人、豊かな人を選んだほうが良いのです。

「不安」や「恐れ」を感じないほど、いいイメージを広げていこう

しあわせもうつりますが、同じように不幸もうつります。

それと同じように、しあわせなイメージが広がるとしあわせを引き寄せますが、不幸なイメージが広がると、不幸を引き寄せてしまうのです。

このしくみはまた次章で詳しく説明しますが、人はなにも考えていないときに、「不安」や「恐れ」を感じることがあります。

その「不安」や「恐れ」を感じたときに、さらにそのイメージを広げてしまうと、もっと「不安」や「恐れ」を感じてしまうようなことを引き寄せてしまいます。

だから、私たちは意識して「うれしいこと」「楽しいこと」「しあわせなこと」を心の中でイメージして、「不安」や「恐れ」が入り込めないぐらい、広げていく必要があるのです。

思考が現実化する法則 14

❶しあわせな自分をイメージすることで、しあわせは引き寄せられる
❷イメージは、より具体的に、「ワクワクして」「楽しい」をリアルに自分で感じられるところまで広げていく
❸しあわせな人、豊かな人と過ごして、しあわせをうつしてもらう

15…

楽しいことを考えるのが苦手な人は「自分をもっと、ゆるします」

しあわせなイメージが広がらないのは、もしかしたらあなた自身の心がストップをかけているせいかもしれません。イメージを広げるのに効果的な言葉をご紹介しましょう。

「楽しいこと」を考えていると、おのずとイメージは広がっていきます。

でもなかには、この「楽しいこと」を考えるのが苦手な人もいます。

こういう人たちの多くは、子どもの頃に親から、「楽しいこと」をしていて怒られた経験をもっていて、心のどこかで「楽しいこと」をすることに罪悪感を抱いているのです。

親としては、子どもに将来苦労をさせたくないから、今のうちに勉強する習慣をつけさせようとして、「遊んでいないで勉強しなさい！」と言ったのでしょう。

もちろん、なかには勉強が楽しいと思う子もいます。

「勉強すれば、親や先生がほめてくれる」「勉強していい大学に入れば、自分の好きな仕事ができる」とか、勉強の楽しい面をイメージして広げていくことができる子どももいます。

でも、多くの子どもは遊びや趣味など、自分が興味をもって「楽しい」と感じたことを否定され、頭ごなしに「勉強しなさい！」と言われると、「自分がしたいことをすることは悪いことなんだ」と思うようになります。

そういうことが度々起こると、やがて遊びだけではなく、「楽しい」と感じることすべてに罪悪感が芽生え、「楽しいことをすることは、悪いことなんだ」というふうに考えるようになってしまうのです。

1日に10回、「自分をもっと、ゆるします」と言う

大人になれば、親が決して楽しいことを否定していたのではなく、自分の将来を考えて「勉強しなさい！」と言ったのだということが理解できます。

それでもまだ楽しいことをしたり、考えたりすることに罪悪感を抱いてしまうとしたら、それは、**「自分をゆるせていない」のかもしれません**。

そういう人は、「親の期待にそえなかった自分がゆるせない」とか、「勉強をさぼって遊んでいた自分がゆるせない」と心のどこかで思っているのです。

そうした罪悪感をいつまでももっていると、楽しいことを考える自分がゆるせないし、楽しそうにしているまわりまでゆるせなくなります。

もし、そうした感情が湧き上がってきたら、この言葉を唱えてください。

「自分をもっと、ゆるします」

1日に10回、この言葉を声に出して言っていると、不思議と自分の心が軽くなります。

「別に、自分は罪悪感なんてもっていない」と思っている人でも、「自分をもっと、ゆるします」を言っていると、「自分はこんなことがゆるせなかったんだ」と考えられるようになり、自分を癒す効果があるのです。

「なんか、イメージが広がらないなぁ」というときも、この言葉を何回か唱えて、それから楽しいことを考えるようにしてみてください。

きっと、あなたのイメージはもっと広がるようになりますよ。

思考が現実化する法則 15

❶ 楽しいことに罪悪感があると、イメージは広がらない
❷ 楽しいことを考える自分がゆるせないときは、「自分をもっと、ゆるします」
❸ イメージが広がらないときも、「自分をもっと、ゆるします」

16…

嫌なことを無理して続けない。楽しいことを優先する

イヤなことなのに、無理やり続けていることはありませんか？　人には「向き・不向き」があります。イヤなことを続けるより、楽しいことをやったほうが、夢は広がります。

仕事でも、子育てでも、「楽しい」を基準に考えたほうが結果的にうまくいきます。

先日も、こんなことがありました。

私が家族ぐるみで仲良くさせていただいているお宅に、久しぶりに遊びに行ったときのことです。

その家の、中学生になったゆうと君が、なぜか元気がありません。

そこで、私がゆうと君に、「今、なにが楽しい？」と聞くと、「学校が楽しい！」と答えてくれました。

新しい友達もできて、クラブ活動のテニス部もすごく楽しいのだそうです。

そして次に、「じゃあ、なにか、キライなことはある？」と聞くと、ゆうと君は「空手がイヤ！」と言いました。

実はこの空手、習うことを勧めたのは私です。空手を習うことで礼節を学び、いじめにも負けない強さを身につけられると思ったからです。

でもその言葉を聞いて、「イヤならやめたほうがいいよ」と言いました。

すると、それを聞いていたお母さんが「それは困る！」と言い出したのです。

理由を聞くと、お母さんはこう言いました。

「中学校に上がるときに『空手は続ける？』と本人に確認したら、『続ける』と言ったので、自分で言ったことは最後まで責任をもたないと私はダメだと思います。

また、せっかくここまでやってきたんだから、続けないともったいない。中途半端でやめると、やめグセ、あきらめグセがつくし、道着も新しいのを買ったばかりなのでもったいないとも思うんです」と。

そこで私は、「イヤだ、イヤだ」と思いながらやっても、本人の身につかないということを伝えました。

そして、親ができることは、子どものサポートをしてあげること、そして、子どもが見つけた「楽しい」をサポートしてあげることが一番大切なんだよ、という話をしました。

するとお母さんは、自分でやめる手続きをすることを条件に、ゆうと君が空手をやめることを認めてくれました。

それを聞いたゆうと君は、大喜び！

さっきまでの暗い顔がパッと明るくなりました。

次の日の朝もルンルンで機嫌が良く、「おはよう！」と最高の笑顔で家族全員に挨拶をします。

これを見たお母さんは、ゆうと君にとって本当にこれで良かったんだなと思い、うれしくなったそうです。

その後も、空手をやめたことで時間的にも精神的にも楽になったのか、今までよりも家の手伝いをしてくれるようになり、勉強にも集中できるようになったそうです。

忍耐力は、嫌いなことより好きなことを続けたほうが身につく

習い事などを、「途中でやめるのは良くない」と思っている親は多いようです。

「石の上にも3年」ともいいますし、「イヤだからやめる」では忍耐力がつかないし、変にやめグセがついてしまうといけないという意見もあります。

確かにそれも一理ありますが、**人にはやはり「向き・不向き」があるのです**。

だから、途中でやめるのも、「これは、自分には向かない」というのがわかっただ

けでラッキーです。

それに、**忍耐力は嫌いなことをイヤイヤやるときよりも、好きなことをやり続けているときのほうが身につきます。**

子どもの可能性を開くためにもぜひ、「楽しいこと」を見出して、伸ばしてあげるようにしてください。

思考が現実化する法則 16

❶親には、子どもが見つけた楽しいことをサポートする役割がある

❷嫌いなことをイヤイヤさせるより、好きなことをやらせたほうが忍耐力はつき、子どもの可能性も広がる

17

うまくいっていたことがうまくいかなくなったら、〝別の才能を磨け〟という合図

「今までうまくいっていたことが急にうまくいかなくなった」「目標が突然なくなった」……そんなときは天があなたに「別の才能を磨きなさい」と言っているのかもしれません。

人はそれぞれ、「楽しい」と感じるものが違います。

これは人それぞれに個性がある証拠ですが、さらにいえば、生まれる前の記憶、つまり、前世での「楽しい」と感じた体験が残っていて、そう思うのかもしれません。

これは一人さんに教えてもらった、前世で体験したことの記憶の話です。

私たちは何度も生まれ変わるなかで、前世で体験した楽しいことを、また今世でもやりたいと思います。

はじめてのことなのに、「これをやってみたい」と思うのも、前世での楽しい体験があるからなのです。

もちろん、やる前に具体的な前世の記憶を思い出すわけではありません。だから、最初は「なんとなく楽しそう」と思う程度です。

でも、やってみるとやっぱり楽しくて、上達が早かったり、うまくいったりします。

これは、**過去にそのことをたくさん経験していて、その積み重ねが現世で生かされているからなのです。**

生まれながらにして、ある分野ですばらしい才能を発揮するような「天才」と呼ばれる人も、実は前世に努力を積み重ね、それが今世で開花したのです。

今世でやることは来世のためにもなる

だから、今世でやることはすべてムダにはなりません。

あるお寺のお坊さんが、80歳を超えてから英語の勉強をはじめたそうです。

それを見ていたまわりの人が、「今からやっても（英語を話せるようになるのは）難しいですよ」と言いました。

それを聞いたお坊さんは、「（今、やっておくと）来世が楽じゃから」と言ったそうです。

そう考えれば、いくつになっても新しいことにチャレンジすることは、決してムダではないのですね。

私たちは魂の修行をするためにこの世に生まれた

ただ、今世ですばらしい才能を発揮していても、それを強制的にやめて、新しいことにチャレンジしなければならないときもあります。

たとえば、すごい才能をもっていた野球のピッチャーが、肩をこわして野球をやめて、他の仕事をしなければならないときもあります。

また、ピアノがすごくうまくて将来を有望視されていた人が、指をケガしてピアノを弾くことができなくなり、別の道に進まなければならないこともあります。

これは、**「その才能は十分磨いたから、次**

はまた違う面を磨きなさい」という神様からのメッセージなのです。

私たちは魂の修行をするためにこの世に生まれてきました。それは自分の魂の色々な部分を磨くためなのです。

ダイヤモンドも一つの面だけを磨いても輝きません。

それと同じで、私たちも一つの面を磨いたら、また別の面を磨いていくことで、さらに自分を輝かせることができるのです。

思考が現実化する法則 17

❶ 人生は前世から来世にまでつながっている。今世で努力したことは決してムダにはならない

❷ 順調だった道が突然断たれたときは、「違う才能を磨け」というメッセージ

❸ 自分の様々な才能を磨いて最高の人生を生きよう

18…

自分だけでなく、まわりの人を楽しませてこそ喜びは大きい

人生の本当の「楽しさ」とは何なのでしょうか？　本当の「自由」ってどういうことなのでしょうか？　人生を自由に豊かに生きるコツを伝授します。

スポーツに楽しさを見出す人がいれば、お金を儲《もう》けることに楽しさを見出す人もいますし、教えることに楽しさを見出す人もいます。

なにを楽しいと感じるかは人それぞれで違うように、なにをしあわせと感じるかも人それぞれです。

だから、しあわせのかたちも人によって変わります。

大学に進学して一流企業に勤めるというしあわせもあれば、中学を卒業して師匠のもとで修業し、立派な職人になるというしあわせもあるのです。

それを「こうじゃなきゃダメ」という、一面的な価値観で決めつけるのは良くありません。

お金はだれにとっても必要なものですが、大きな仕事をするためにたくさん必要な人もいれば、家族を養うことができれば十分だと思う人もいるのです。

そして、**それを決めるのはあなた自身です**。

親でも先生でもありません。

他人と比べて自分が劣っているとか、少ないと感じるのは、苦しいだけです。

それよりも、**今日の自分が昨日の自分よりも、少しでも成長できたことに喜びを感

じる、そこに人生の本当の楽しさがあるのです。

人生とは、自分の「楽しさ」を見つける旅路

私たちには「自由意志」というものがあります。

その「自由」とは、「なにをやってもいい」ということではありません。自由には必ず「責任」が伴うのです。

だから、本当の「自由」とは、**自分で決めたこと、選択したことを行動にうつし、その結果に責任をもつことなのです。**

「楽しい」というのも、「楽《らく》」をすることではありません。

自分が楽しいのも大事ですが、**相手が楽しくて、まわりが楽しくて、その楽しさが広がれば広がるほど、その楽しさの喜びも大きくなります。**

人生とは、自分の「楽しさ」を見つける旅路です。

その旅路の途中で、同じことに「楽しさ」を見出せて助け合える仲間やパートナーが見つかれば、その旅をさらに楽しいものにすることができるのです。

思考が現実化していくと、地球は小さくなる⁉

私たちは「魂の成長」のためにこの世に生まれてきました。

そして、その成長に必要な「時間」と「空間」を神様は与えてくれたのです。

「時間」とは〝命〟です。

「空間」とは、私たちが生活する地球上の〝場所〟だけでなく、様々なものを〝創造〟できる〝想像力・イメージ〟も含まれます。

私たちはこの与えられた「時間」と「空間」を使って、自由に羽ばたくことができます。

そのとき、思考を「天」とつなげることで、その空間をさらに広げることができるのです。

私は最近、地球を小さく感じることがあります。

これは少し大げさな表現に思われるかもしれませんが、実際に思考が現実化していく速さと広がりを見ていると、そう感じずにはいられません。

私たちの思考を広げていくと、この地球上はもとより、宇宙にだってそのイメージを広げていくことができます。

そうやって考えていると、私たちはこの地球という星に、「魂の成長」のために遊びに来たのだなと感じます。

私たちが「楽しさ」を求めるのも、そのためなのかもしれませんね。

思考が現実化する法則 18

❶ だれかと自分を比べない。しあわせは自分自身で決めるもの

❷「相手が楽しい」「まわりが楽しい」状況をつくろう。そうすると喜びがどんどん大きくなる

❸ 楽しさを共有し、助け合えるパートナーを見つけて、人生をさらに豊かなものにしよう

第3章

あなたの思考が現実化しない本当の理由

19

そもそも「思考」ってなに?

ここでこの本のテーマにもなっている「思考」について、いま一度考えてみましょう。より深く理解しておくと、効果的に自分を変えるためのヒントが見つかりますよ。

ここまで、思考を変えるためにまず言葉を変えること、そして良いイメージを広げていくことの重要性を述べてきました。

ここでもう一度、考えてみたいことがあります。

そもそも、〝思考〟とはなんなのでしょうか?

辞書で〝思考〟という言葉を調べてみると、こうあります。

「思考(しこう)」
①考えること。経験や知識をもとにあれこれと頭を働かせること。「思考を巡らす」「思考力が鈍る」
②哲学で、広義には、人間の知的精神作用の総称。狭義には、感覚や表象の内容を概念化し、判断し、推理する知性の働きをいう。
③心理学で、感覚や表象の内容を概念化し、判断し、推理する心の働きや機能をいう。
『大辞泉』(小学館刊)より

哲学や心理学での捉《とら》え方は別として、「思考」は、「思う」と「考える」の二つの漢字で成り立ってます。

つまり、思考とは簡単にいえば、**「思い、考えること」ということになります。**

思考がもつ二つの側面とは？

ではさらに「思うこと」と「考えること」について検討してみましょう。

「思うこと」も「考えること」もある程度、自分でコントロールすることができます。

第1章では、「言葉を変える」ことによって、第2章では、「良いイメージを広げる」ことによって、思考に良い影響を与え、コントロールする方法について述べました。

しかし、これは、〝ある程度〟できることで、〝完全に〟できることではありません。

私たちは〝意識的〟に言葉を変えることや、楽しいことを考えて、うれしい、しあわせといった良いイメージを広げていくことはできます。

その反面、自分がどれだけ、「思うこと・考えること」を楽しく、前向きにしようと思っても、外部の反応や環境によって、制御できなくなるときがあります。

たとえば、だれかに怒られたり、いじめられたり、裏切られたりしたときです。

さらにいえば、〝無意識〟のうちに不安や心配になることもあります。

つまり、思考には「自分で意識的にコントロールできる」面と、「自分では直接コントロールできない」面の、二つの側面があるのです。

思考が現実化する法則 19

❶ 思考とは、「思い、考えること」
❷ 思考には「自分で意識的にコントロールできる面」と、「自分では直接コントロールできない面」の二つがある

20…

思考に悪影響を与える場所や相手を避ける

思考を自分でコントロールできれば良いのですが、どうしても環境や周囲の人に影響されてしまいがちです。思考が悪い方向へ進んでいかないための方法を考えてみましょう。

それでは、さらに詳しく、「自分では直接コントロールできない」側面について考えてみましょう。

まず、自分で直接コントロールできないものに「環境」があります。

環境とは場所であり、そこにいる人たちのことです。

思考に悪影響を与える場所とは、そこにいるとなぜか落ち着かない、イライラする、不安になるといった場所です。

人でいえば、自分に直接的に害を与えるような人はもちろん、いつも「地獄言葉」を吐いているような人、一緒にいるとなぜか疲れる人です。

こうした場所や人からはまず積極的に逃げるか、避けるようにしてください。

「君子は危うきに近寄らず」というように、自分の思考に悪影響を及ぼす、またはその可能性がある場所には、できるだけ近づかないに越したことはありません。

また、思考に悪影響を及ぼすようなテレビ番組も観ないほうがいいでしょう。

ニュースでも、虐待《ぎゃくたい》やいじめ、殺人事件のニュースを見たり聞いたりすると、どうしても暗い気持ちになってしまいます。

特に最近は情報過多の時代です。なにを見て、なにを見ないかを自分でしっかり判

断していかないと、知らず知らずのうちに、思考は悪影響を受けてしまうのです。

だから、日頃から、こうしたことを避ける習慣を身につけましょう。

電車も正面からまともにぶつかれば大ケガをしてしまいますが、1センチでも避けることができれば、涼しい風が当たるだけですからね。

家族といえども、無理して会わないのも「愛」

仲が悪い親や兄弟でも、会わないですむのなら会わないに越したことはありません。

たとえば、ご主人のお義母《かあ》さんと仲が悪いのなら、無理して会わなくていいのです。

お盆やお正月にご主人の実家に行くときでも、

「私は用事があるから、あなたと子どもたちだけで行ってきて」と言って、さらに「私の交通費が浮いた分を、お義母さんにおこづかいとしてあげて」と伝える。

それを何年か続けて久しぶりに会うと、不思議とお互いのわだかまりが消えていたりするのです。

いらぬ争いを生まないためにも、ときには、会わないのも「愛」なのです。

思考が現実化する法則 20

❶「落ち着かない」「疲れる」「不安になる」「イライラする」など、マイナスの気持ちになる場所や人は避ける

❷親・兄弟でも仲が悪い相手なら、会わないことも「愛」

21

相手を変えたくなったら、まず自分を変える

苦手な相手やイヤな同僚を無理やり変えようとしていませんか？
無理やり変えようとするのは相手の修行を邪魔しているのと同じ。
まずは相手を変えるのではなく、あなた自身が変わりましょう。

いつも「地獄言葉」を吐いているような人からは積極的に逃げるか、避けるようにしてくださいと言いましたが、なかには、そういう相手を〝変えよう〟とする人がいます。

もちろん、相手のためを思ってアドバイスしてあげるのは良いことです。「愛ある行動」自体が悪いわけではありません。

でも、「せっかく、私が言ってあげているのに」とか、相手が変わらないことで自分がイライラしたり、悩んだり、怒ったりするのは本末転倒です。

自分が知っていることを教えてあげたり、できる範囲のことをしてあげて、それでもその人が変わらないのだとしたら、それは**その人の〝都合〟なのです**。

それがいくら親子や兄弟、夫婦といった身近な関係であっても、**相手を変えようとしてはいけないのです**。

あなたがしあわせで豊かにしていれば、相手も変わる

家族のように生活を共にする間柄でも、「魂の成長」はそれぞれ違います。

私たちは魂を成長させるために生まれてきましたが、その魂を成長させるためにやるべき課題は、人それぞれ別のものなのです。

だから、こちらがしてあげられることがあったらやってあげて、そこに見返りやお礼を求めず、そして相手が変わらなかったとしても、そのことに一喜一憂しない。

そしてどうしても相手を変えたければ、まず、**自分を変えるのです**。

たとえば、相手が「地獄言葉」ばかり吐いているのだとしたら、「天国言葉」を言いなさい！ではなくて、**あなたが「天国言葉」を言い、しあわせで豊かにしていればいいのです**。

その姿がステキでカッコ良かったなら、必ず相手はその影響を受けて変わります。

それを、無理やり直そうとするのは、相手の修行を邪魔しているのと同じです。

相手の修行を邪魔すると、邪魔したほうも苦しくなります。

だから、そういうときは、「相手も未熟で学んでいるし、自分も未熟で学んでいるんだ」と思えばいいのです。

思考が現実化する法則 21

❶相手に変わってほしければ、まず自分が変わろう
❷そのためには毎日「天国言葉」を言いながら、あなた自身がしあわせで豊かであること
❸その姿を見て、周囲の人も自然と変わっていく

22…

危険な場所やイヤな人物から逃げられないときは、神様が与えた試練と考える

あなたの思考に悪影響を与えているのが、家族や同僚など身近な存在である場合は、相手を避けるのは難しいですよね。でもそういうときこそ、あなたの魂が成長するチャンスかもしれません。

繰り返しになりますが、私たちは魂を成長させるために生まれてきました。

そのとき私たちは、最も成長できる、学べる環境を選んで生まれてきます。

つまり、親や兄弟、そして生まれてくる場所や出会う人もすべて、この世に生まれてくるときに、自分が決めてきたことなのです。

だから、危険な場所やイヤな人がいて、それが避けられることなら、積極的に避ける。

でも、それが避けられないことだとしたら、それは**神様からの「そのことから学びなさい」というメッセージなのです。**

そのことからは、決して逃れることはできません。仮に逃れられたとしても、また形を変えて問題はやってきます。

なぜなら、それは**自分が決めてきたことであり、自分が蒔《ま》いた種だからです。**

神様はあなたが乗り越えられる試練しか与えない

ときにはその問題が大きすぎて、投げ出したくなるときもあると思います。

でも、これだけは忘れないでください。
神様はあなたを見捨てたわけではありません。そして、罰しているわけでもないのです。

あなたの魂の成長を願い、あなたならこの問題を解決し、そこから必ず成長できると信じているからこそ、その問題を与えるのです。

そして、その問題が大きければ大きいほど、それを解決したときのご褒美《ほうび》と喜びは大きくなります。

明けない夜はありませんし、闇夜も明ける前が一番暗いのです。

だから、どんなに大きな問題が起きても、その先にあるしあわせを信じ、自分を信じ、そして神様を信じて乗り越えてください！

思考が現実化する法則 22

❶避けられない人や場所があるときは、神様からの「そのことから学びなさい」というメッセージである

❷明けない夜はない。自分を信じ、神様を信じて乗り越えよう

23

思考に大きな影響を与える「感情」はどこから湧き出てくるのか？

あなたの思考に大きな影響を及ぼす「感情」。この「感情」と上手につきあうことで、人生はもっと豊かになります。まずはあなたの「感情」がどこからくるのかを見ていきましょう。

ここまで、あなたの思考に影響を与える〝外部〟の様々な環境についてお話ししましたが、あなたの〝内部〟にも、あなたの思考に影響を与えるものがあります。

それは**「感情」です**。

たとえば、「がんばるぞ！」とやる気を出してなにかに取り組もうとしたときに、「失敗したらどうしよう」と心配したり、「今年こそ、恋人を見つけるぞ！」と思って出会いを求め、それでいい人と出会っても、「フラれるんじゃないか」と不安になったりします。

こうした心配や不安になる気持ち、さらには恐れといった、思考に影響を与える感情は、いったいどこからくるのでしょうか？

「潜在意識」を活用することが、「感情」と上手につきあう鍵

それは、**私たちの「潜在意識」からくるのです**。

私たちの意識には、「顕在意識」と「潜在意識」の二つがあります。

氷山にたとえると、私たちが普段意識できる「顕在意識」は、海の上に出ていま

思考に大きな影響を与える「顕在意識」と「潜在意識」

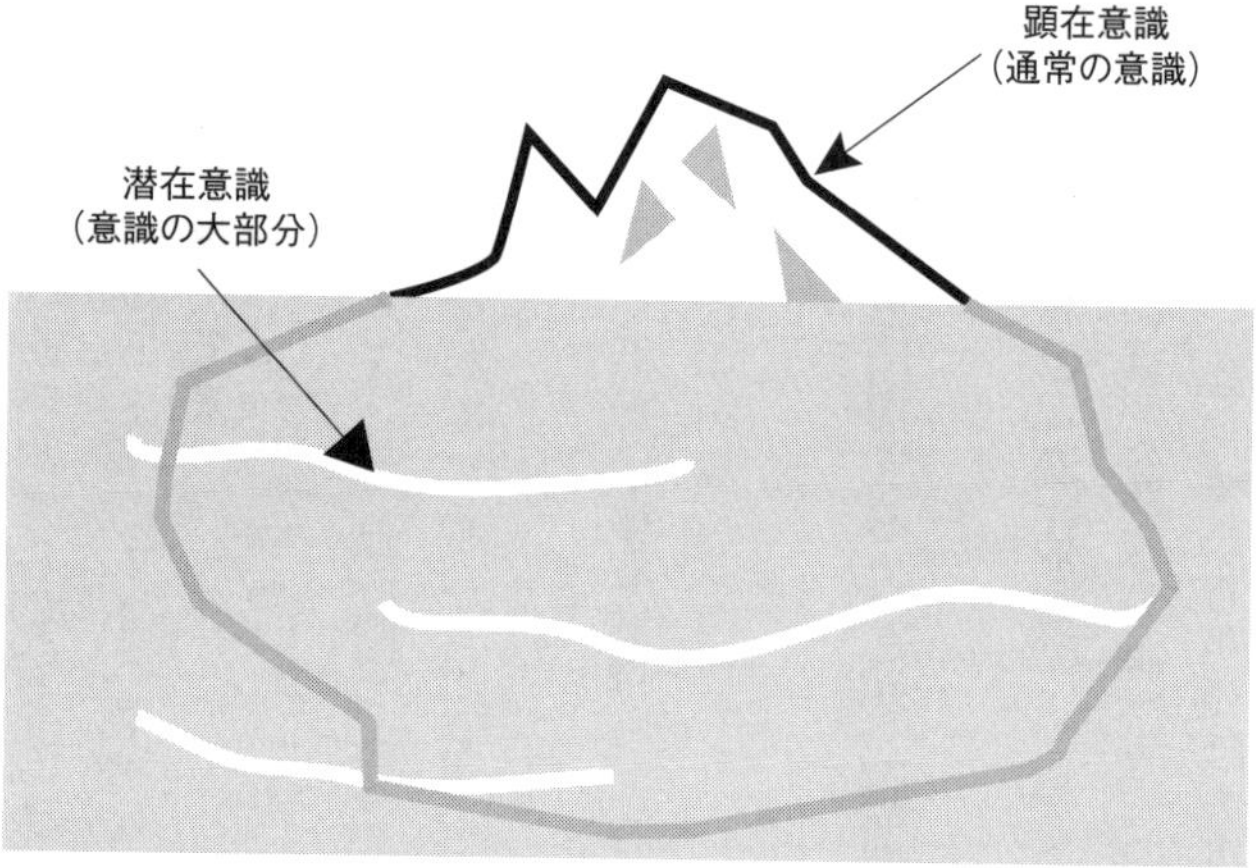

す。

一方、「潜在意識」は海の下に隠れている部分で、氷山全体の大部分を占めます。

つまり、**私たちが意識している「顕在意識」は、意識全体のほんの一部分でしかないということなのです。**

さらにコンピュータでたとえるなら、「顕在意識」はメモリ（主記憶装置）です。

メモリは一時的な記憶場所で、コンピュータはこの領域を使って計算などの情報処理を行います。

それに対して、情報を長期的に保存しておくのがハードディスクであり、人間の記憶でいえば「潜在意識」にあたります。

現在、最も売れているノートパソコンの

メモリの容量は、4GB（ギガバイト）でハードディスクは500GBです。

つまり、一時的な記憶に使われるメモリ（4GB）よりも、長期的な記憶に使われるハードディスク（500GB）は、100倍以上の大量の記憶を保存できます。

さらに、大容量の外付けハードディスクもありますし、USBやSDカードのような、持ち運びができる記憶媒体の性能も上がっています。また、インターネットを利用したクラウドサービスもありますので、現在のパソコンの外部記憶容量は無限大といっても過言ではありません。

つまり、**圧倒的な容量をもつ「潜在意識」を活用することが、「感情」を上手にコントロールする鍵になります。**

思考が現実化する法則 23

❶あなたの思考に大きな影響を与える内部要因が「感情」である
❷不安や恐れといったマイナス感情は「潜在意識」からくる
❸圧倒的な容量をもつ「潜在意識」を活用して、感情と上手につきあおう

24…

理由もなく不安になったり、心配になるのはすべて過去の体験からきている

なにかに取り組むときに、特別な理由もないのに不安や恐れを感じて、自信をなくしてしまったことはありませんか？　それは「潜在意識」のなかに過去の失敗やトラウマが蓄積されているからなのです。

パソコンの記憶容量は、外部のものも入れると無限大だと述べましたが、私たち人間の「潜在意識」も無限大だといえます。

私たちの潜在意識には、過去に経験したことのすべてが記憶されています。いままで体験してきたことの映像だけではなく、触れたときの感覚や匂い、味といったものや、そのときの感情もすべて記憶として残っているのです。

それは、1時間前の出来事のように容易に思い出せるものもあれば、お母さんのお腹の中にいたときの記憶や、0歳時の記憶など、簡単に思い出せないものもあります。

さらにいえば、その記憶は今世のものだけではありません。前世で体験した、すべての記憶が私たちの潜在意識の中に残っているのです。

私たちは何度も生まれ変わります。この世に肉体をもって生まれ変わり、そのつど肉体的な死はありますが、魂が死んでなくなることはありません。

つまり、潜在意識には、**何度も何度も生まれ変わったときの、魂の記憶がずっと保存されているのです**。

私たちがはじめて訪れた場所でもなぜか懐かしく思えたり、はじめて会った人なの

に昔から知っていたような親近感を覚えるのも、もしかしたら過去の魂の記憶がそうさせるのかもしれません。

はじめてのことなのに、なぜかそれをやりたいと思ったり、楽しく感じたり、ときには上手にできたりするのも、そうした前世での体験があるからなのです。

思い出せないトラウマも影響している

人が理由もなく、なぜか不安な気持ちになり、心配してしまうのも、実は潜在意識にある過去の経験の記憶からくるものなのです。

それは、思い出すことができるような失敗体験もあれば、どうしても思い出すことのできない、幼少期のトラウマのようなものもあります。

さらにいえば、何世代か前に飢餓《きが》で苦しんだときの記憶や、だまされてひどい目にあったときの記憶、戦争で殺されたときの記憶が影響し、不安な気持ちにさせるということもあるのです。

思考が現実化する法則 24

❶ 体験したことは、すべて「潜在意識」に蓄積されていく

❷ 理由もないのに湧き上がってくる「不安」や「恐れ」は、「潜在意識」に蓄積された記憶が原因である

25

あなたの思考が現実化しない本当の理由

目標を掲げても、途中であきらめてしまったり、実現に向けて必要な行動がとれなかったりしたことはありませんか？　それはあなた自身の「潜在意識」に原因があるのかもしれません。

心配や不安になること自体は、悪いことではありません。

これはいわば、人間の防衛本能なのです。

人は不安になるから危険なことを避けようと思うし、もしものときのために準備をします。

だから、これ自体は良いことなのです。

でも、過度に心配したり、不安を感じるのは良くありません。

失敗を恐れすぎるとなにもできなくなってしまいますし、不安ばかり感じていると、体の調子も悪くなります。

それでは人生を楽しめないばかりか、さらに悪い結果を引き起こしてしまいます。

あなたの思考が現実化しないのだとしたら、**それも潜在意識が邪魔をしているせいかもしれ**

ません。

「これをやろう！」と計画を立てても、やっているうちに、「どうせ無理に決まってる」とあきらめてしまう。

「お金持ちになりたい」「ステキなパートナーがほしい」「いい会社に就職したい」と願っても、それに伴うような行動ができない。

その原因はすべて、潜在意識の中にある失敗体験や被害体験などの否定的なイメージが、あなたの思考にストップをかけたり、悪い影響を与えているからなのです。

夢を実現化していく人は、「潜在意識」を上手に活用している人

本書の最初に「あなたの思考は〝良くも悪くも〟現実化する」と述べたのは、まさにこのことなのです。

自分の夢を次々と実現させていく人は、**この「思考の現実化」の使い方がとてもうまいといえます。**

逆に「願っても叶わない」とか、「いくら思っても実現しない」という人は、「思考

の現実化」の使い方がうまくありません。

つまり、使い方がうまくないから、「良いほうの思考」よりも「悪いほうの思考」が現実化してしまい、結果的に自分の思い通りにいかなくなってしまいます。

その使い方のカギを握るのが、**潜在意識からくる情報をどう扱うかにかかっているのです。**

思考が現実化する法則 25

❶あなたの思考が現実化しないのは、潜在意識が邪魔をしているから

❷「潜在意識」を上手に活用すれば、夢はあなたが思っている以上のスピードでどんどん叶っていく

26…

「不安」が消えないときは、「大丈夫」「すべてはうまくいっている」とつぶやいてみる

不安が消えないときや心配がたえないときは、「大丈夫」とつぶやいてみましょう。そうすると、心に「安心バリア」が張られて不安や恐れを寄せつけなくなります。

顕在意識は、自分でコントロールすることができます。

具体的には、前章でも述べた通り、使う言葉を変え、さらにイメージを広げることで、顕在意識を自分の望む方向に誘導してあげるのです。

これに対して、潜在意識は自分でコントロールすることはできません。

思考とは顕在意識と潜在意識が合わさったものであり、お互いに影響し合って一つの思考を生みます。

だから、いくら言葉やイメージで顕在意識をコントロールしても、潜在意識からくる情報をそのまま受けていると、その情報に左右されて、結果的に顕在意識もコントロールできなくなります。

ではどうすればいいのでしょうか?

潜在意識から上がってきた情報を、上手に扱えばいいのです。

「不安」や「心配」が消えないときは、心に安心のバリアを張ろう

では、その扱い方を説明します。

まず、潜在意識からきた情報が「良い情報」なら、それを〝つかみとって〟ください。

〝つかみとる〟とは、そこにエネルギーを注ぐことであり、具体的にいうと、**そのことに情熱を注いだり、具体的な行動にうつす、ということです。**

「良い情報」かどうかの判断は、そのことを知ってワクワクするか、楽しいか、うれしいかといった基準で判断します。

逆に、そのことで暗い気持ちになったり、不安や心配になったりするのなら、それは「悪い情報」です。

そんなときはまず、そのことが実際に起こることかどうかを考えます。そして、その不安や心配に対処できることがあれば実行します。

それでも、その不安や心配が消えないのであれば、そこに「安心のエネルギー」を注いでください。

具体的には、**「そんなことはない」「大丈夫」「すべてはうまくいっている」といった言葉をつぶやくのです。**

そうすれば、心に安心のバリアが張られて、不必要な不安や恐れを寄せつけなくな

ります。

絶対にやってはいけないのは、**その不安や心配や恐れにつながる情報を〝つかみとって〟しまうことです。**

思いにエネルギーを注いでしまうと現実化します。

だから、それが良いことならいいのですが、悪いことも同じように現実化してしまうのです。

たとえば、不安な気持ちが湧き上がってきたときに、それをつかんで「どうしよう」とか、さらに不安や心配、恐れにつながることを考え出すと、そこにエネルギーをかけることになります。

すると、その不安や心配、恐れのエネルギーが増大し、同じ種類のエネルギーをもつ現実を引き寄せるので、結果的にあなたの悪い思考のほうが現実化してしまうのです。

思考が現実化する法則 26

❶思考を現実化するには潜在意識を上手に扱うのがポイント

❷潜在意識からきた情報が「良い情報」なら、そのことに情熱を注いだり、具体的な行動にうつしてみる

❸「悪い情報」なら、不安や心配が湧き上がるので、それらを打ち消す言葉「大丈夫」「うまくいっている」をつぶやく

27…

それでも「不安」や「心配」「恐れ」を感じたら、「このドキドキがいいんだ」とつぶやく

不安や心配、恐れを完全に消すことはできません。とはいっても、心配しすぎは心にも体にも良くありません。そこでネガティブな気持ちを鎮めるための効果的なプロセスをご紹介します。

不安や心配、恐れといったネガティブな思いを完全に消すことはできません。

それは先にも触れた通り、そうした気持ちを感じるのは人間の防衛本能ですし、そのために人は備えたり、そうならないように努力をします。

大切なのは、**そうした気持ちとうまくつきあい、自分の気持ちや思考に悪影響を与えないようにすることです**。

だからまず、不安や心配、恐れといった思いが浮かんできても、それを〝つかみとらない〟。

でもなかには、「気にしてはいけないと思うと、余計に気にしてしまう」とか、「また不安な気持ちになっちゃった。私ってダメね」と落ち込んでしまう人がいます。

そういう人はまず、**「そのままでいいんだよ」**とつぶやいて、**不安や心配、恐れを感じている自分をそのまま受け入れてください**。

そして、また不安や恐れを感じたら、「この気持ちがいいんだ」って言うのです。

不安や恐れのもとは、潜在意識にある過去の記憶です。それが顕在意識に上がってきて、不安や恐れを感じるのです。

だから、そうした気持ちが上がってきたら、「このドキドキがいいんだ」とか、「このハラハラする感じがいいのよね」というプラスの気持ちをくっつけて、潜在意識に下ろします。

そうすると、次に上がってくるときには不安や恐れが弱まったり、次第に上がってこなくなります。

100度のお湯も、1度下げれば沸騰しない

心配することは悪いことではありませんが、心配しすぎるのは良くありません。

心配しすぎるのは精神的に良くありませんし、身体にも悪影響を及ぼします。

だから、過剰に心配しすぎないようにするとともに、心配になったらその気持ちを少し下げてあげればいいのです。

水も100度になると沸騰《ふっとう》しますが、そこから1度でも下がれば沸騰しません。

それと同じで、心配になったら、その気持ちを少しでも和らげてあげれば病気にもならないし、あとは対処や行動につなげれば、その心配もやがて消えてしまいます。

このように、不安や心配、恐れといった気持ちはそれ自体を否定するのではなく、

うまくつきあうことで、すべてがうまくいくようになっているのです。

思考が現実化する法則 27

❶不安や心配、恐れを感じたら、「そのままでいいんだよ」とつぶやいて自分を受け入れる

❷再び不安を感じたら、「このドキドキがいいんだ」と言う

第4章

天とつながる「上気元思考」で人生を豊かに生きる

28

神様は「潜在意識」を通じて、いつもあなたに重要なメッセージを送っている

「潜在意識」には膨大な記憶が蓄積されている一方、神様や様々な生物とつながるという重要な役割があります。「潜在意識」を通じて神様が送ってくるメッセージとはどんなものでしょうか?

ここでもう一度、「思考」について整理しましょう。

思考とは、私たちが「思い、考える」ことであり、それは意識のもとで行われ「感情」を左右します。

その意識には「顕在意識」と「潜在意識」があり、顕在意識は自分でコントロールできるのに対し、潜在意識はコントロールすることができません。

そして、潜在意識には過去の経験や体験が詰まっていて、今世だけのものではなく、何度も生まれ変わってきた前世の記憶まで残っています。

私たちは無意識に、この前世の記憶を使って生きています。

たとえば、飢えた時代の記憶により、それに対応すべく体内に脂肪を蓄える体になった身体的なことから、前世で積んできた努力が今世で天才的な才能として開花する、という能力的なことまで、様々あります。

そしてもう一つ、潜在意識には重要な役割があります。

それは、**潜在意識を通じて神様の意識とつながり、また同じ神様の子である人間や様々な生物と、潜在意識を通じてつながるということです。**

いいアイデアが浮かぶのも運命的な出会いもすべて「潜在意識」のおかげ

それではなぜ、私たちは潜在意識を通じて、神様やすべての生き物と通じ合えるのでしょうか。

それは、**すべての生き物の魂が、元々は神様が分け与えたものだからです。**

だから、私たちの魂のことを「分霊《わけみたま》」といいます。つまり、私たちの魂は神様の一部であり、私たちはすべて魂の兄弟だといえます。

たとえていえば、神様が電話の親機なら、私たちの魂はその子機です。

私たちが「神様、お願いします」と言うと、子機であるあなたの魂がそれを聞いて、親機である神様にそれを伝えます。

それを聞いた神様は、その願いを叶えるためのアイデアをあなたの子機に伝えたり、別の子機に連絡してあなたを助けさせたりします。

その**魂の声を聞く場所が、潜在意識なのです。**

だから、ふとした瞬間にいいアイデアが浮かんでくるのも、偶然に行った場所で運命的な出会いをするのも、すべては潜在意識からきた情報であり、私たちはそれを無意識にキャッチしているのです。

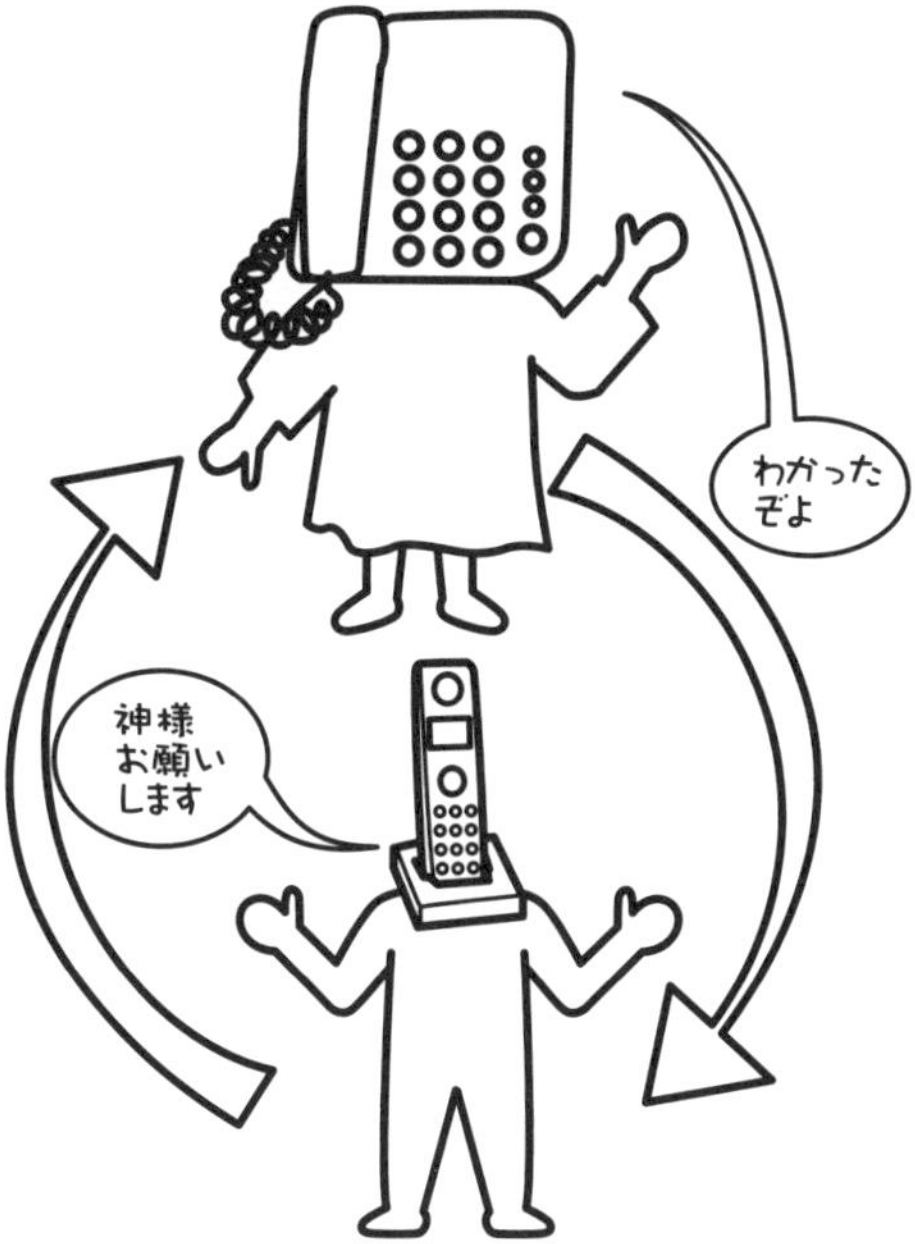

思考が現実化する法則 28

❶ 私たちは「潜在意識」に蓄えた記憶を使って生きている

❷ 「潜在意識」を利用して神様とつながることで、ステキなアイデアが浮かんだり、運命的な出会いがある

29…

神様は望んだものそのものではなく、アイデアや機会をくれる

潜在意識を通じてつながった神様は、良い情報も悪い情報もくれます。時には「試練」もくれます。果たして神様があなたにくれるものはどんなものでしょうか?

ここで一つ、重大な問題があります。

私たちは潜在意識を通じて、色々なものとつながることができます。

神様とつながることもできれば、親しい人の意識とつながることもできます。

ある人のことを「元気にしているかなぁ」と考えていると、その人から電話がかかってくるような「シンクロニシティ（共時性・意味のある偶然の一致）」が起こるのも、その人と潜在意識でつながっているからです。

ところが、「悪いもの」とつながる場合もあるのです。その場合、どうしたらいいのでしょうか？

たとえば、自分に良くないことをさせる「悪魔のささやき」のようなこともあれば、なぜか突然イライラしたり、怒りが湧いてきたり、恐怖を感じたりすることもあります。

実際に、罪を犯した人の中には、「そうしろという声が聞こえたからやった」という人もいるのです。

潜在意識からの声が、こうした「悪いもの」からの声なのか、それとも神様のアドバイスなのかを、どうやって見分ければいいのでしょうか。

「天使のささやき」と「悪魔のささやき」の見分け方

それでは、こうした「天使のささやき」と「悪魔のささやき」はどうやって見分ければいいのでしょうか。

簡単な見分け方は、**そのことが自分のためになって、さらに相手のためにもなるかどうかです**。

どちらか一方だけではいけません。自分だけが良ければというのもダメですし、自分は犠牲になってもいいから、相手は良くなってほしいというのもダメなのです。「自己犠牲」の精神は一見、美しいように思えますが、神様はあなたに自己犠牲を強《し》いるようなことはしません。

あなたは神様の子であり、相手も神様の子です。だから、両方にとって良いことしか、神様はしないのです。

だから、あなたにとって良いことで、相手にとっても良いことで、さらにまわりや世間の人にとっても良いことであれば、それは間違いなく「天使のささやき」であり、神様からのメッセージであるといえます。

「試練」を乗り越えると大きな喜びが得られる

ただ、なかには、一瞬、それが自分に良くて、相手にも良いかどうか、わからないものもあります。

その代表的なものが「試練」です。

試練は一見、自分にとって良くないもののように思えますが、それを乗り越えると大きな喜びを得られたり、本当に大切なものがわかったりします。

「神様はわたしを見放したのか！」と思うような出来事も、それを乗り越えたときに、それが真の神様の愛であることがわかるのです。

「人間万事塞翁が馬《にんげんばんじさいおううま》」ということわざがあります。

これは中国の故事がもとになった言葉です。

塞翁の飼っていた馬が逃げたという不幸が、その馬が立派な駿馬《しゅんめ》を連れて帰ってきたという幸福につながり、その駿馬に乗った息子が落馬して骨折するという不幸が起

きますが、戦争が始まって若者がみんな戦死するなか、その息子は骨折していたことで兵役を免《まぬが》れたために助かったという話です。

このことから、「幸（福・吉）」と思えることが、のちに「不幸（禍・凶）」となることもあり、またその逆もある、というたとえに使われるようになりました。

つまり、**神様はしあわせ〝そのもの〟をくれるのではなく、しあわせに〝変わるもの〟をくれるのです。**

たとえば、あなたが神様に「お金持ちになりたい」と願えば、神様はお金そのものをくれるのではなく、お金に変わるアイデアや機会をくれます。

梅の実もそのままでは食べられませんが、加工すれば「梅干し」という立派な食べ物に変わります。それと同じなのです。

神様は飢えている人に魚を与えることよりも、魚の捕り方を教えようとするのです。

思考が現実化する法則 29

❶神様は潜在意識を通じて「良いもの」だけでなく、「悪いもの」をくれることもある
❷良いか悪いかは、長い目で見て、自分のためにも、相手のためにもなるかどうかでわかる
❸くれるものが「試練」のときもある。試練を乗り越えると、大きな喜びを得られたり、本当に大切なものがわかる

30

「潜在意識」から良い情報だけを受け取る、とっておきの方法

私たちは絶えず、潜在意識から様々な情報をキャッチしています。ちょっとした心がけを大切にすることによって、簡単に、良い情報だけを受け取れるようになります。

このように、潜在意識からくる情報が、自分にとって良い情報なのか、悪い情報なのかは一見するとわかりにくいものです。

しかし、もっと簡単に、良い情報だけを受け取るようにすることはできます。

それは、**あなたの思考を「上気元」にすればいいのです。**

「上気元」とは、〝上の気〟がたまっている状態です。

別の言い方をすれば、**機嫌がとっても良く、しあわせや喜びを感じ、感謝の気持ちでいっぱいの状態です。**

これとまったく逆の状態が、「不機嫌」です。

特にいつも不機嫌でいると、怒りや不満といった感情から悪い気がたまり、思考にも悪い影響を与えます。

こうした悪い気がたまっている状態だと、無意識は悪いものとつながり、悪いものを引き寄せてしまいます。

さらに、「上気元」と「不機嫌」の中間の人がいます。これを「中機嫌」の人といいます。

中機嫌の人は、良いことがあると機嫌が良くなり、悪いことがあると機嫌が悪くなります。

すると、機嫌が良いときは気が上がって良いものとつながれますが、不機嫌になると気が下がって悪いものとつながってしまいます。

このように、〝気の持ち方〟次第で私たちのつながるものは変わるのです。

上気元だといつも〝良いこと〟とつながれる

中機嫌の人は、機嫌が良いときと悪いときがあります。いわば、普通の人です。

普通の人には普通のことしか起こりません。つまり、良い思考を現実化できるときもあれば、悪い思考を現実化してしまうときもあるのです。

もし、あなたが普通以上にしあわせになりたいのだとしたら、普通以上の思考をもたないといけません。

その**「普通以上の思考」がなにかというと「上気元思考」なのです**。

思考を常に、〝上の気〟で満たしてあげる。すると、同じ〝上の気〟のものとつながることができます。

上の気とは明るさであり、光でもあります。

どんな暗闇も光にはかないません。光と闇は同居できないのです。

それと同じで、あなたの思考が上気元のときには、悪いことが入り込む余地がありませんし、同じ性質のものとしかつながれないのです。

思考が現実化する法則 30

❶ いつも「上気元」でいれば、良い情報だけをキャッチできるようになる

❷ 「上気元思考」で、同じ〝上の気〟をもつ人とだけつながるようになると、人生は激変する

31

いつも自分は「上気元でいる」と決める

良いことがあれば機嫌が良くなるし、悪いことがあれば機嫌が悪くなるのが普通の人。常にしあわせや喜び、感謝の気持ちにあふれた「上気元」の人になるには、どうすれば良いのでしょうか？

「上気元」については、私の前著『斎藤一人　天が味方する「引き寄せの法則」』（PHP研究所）で詳しく述べましたが、本書では特に、思考との関係性について詳しく説明させていただきます。

まず、「上気元でいる」ために必要なこと、それはまず**〝意識〟することです。**

あなたは今、「上気元の人」ですか？　「不機嫌の人」ですか？

今、上気元だとしても、いやなことがあると不機嫌になるのなら、あなたは「中機嫌の人」です。

このように、常に今の自分の機嫌や状態を意識することはとても大切です。

意識することで気づき、そこから具体的に対処したり、変えたりすることができます。

それと、**「自分はどうありたいか」を〝明確〟にすることも大事です。**

不機嫌でいると、その不機嫌と同じ波動のものとつながり、引き寄せます。

「イライラ」していると、あなたの思考の周波数が「イライラ」になり、同じような「イライラ」の周波数のものとつながって、それを引き寄せます。

それが「怒り」なら、また「怒り」につながるものを、「悲しみ」なら「悲しみ」につながるものを引き寄せてしまうのです。

中機嫌でいると、まわりに左右されてしまいます。

あなたのまわりにいる人がみな上気元なら、とてもハッピーです。あなたも一緒に上気元でいられます。

しかし、違う場所に行ってそこに不機嫌な人がいたら、たちまち自分も不機嫌になってしまいます。

たった一度の人生をまわりの人に左右されたり、偶然の出来事に振り回されてしまうのは悲しいですよね。

でも上気元でいれば、そんなことはありません。自分の思い通りに生きられるだけでなく、〝上の気〟ともつながれます。

そのつながった先には同じ〝上の気〟をもった素晴らしい仲間との出会いがあり、さらには神様の意識ともつながることができるのです。

さらに上気元でいると、人に対して話しかけやすくなりますし、話しかけられやすくもなります。

だからもし、あなたがまわりの人に対して「話しかけにくい」と感じていたり、逆にまわりの人からあまり話しかけられないのだとしたら、中機嫌か不機嫌な人の証拠です。

上気元は人間関係の〝バロメーター〟にもなるのです。

1秒たりとも不機嫌でいたくない

一人さんはいつ会っても上気元です。

一人さんと出会って40年になりますが、私はいまだに一人さんが不機嫌だったところを見たことがありません。

一人さんが創設した銀座日本漢方研究所には、〝研究所〟なのに研究している人が1人もいません。

そして一人さん自身も研究していないにもかかわらず、出す商品はすべて「ヒット」か「大ヒット」で、失敗が一つもないのです。

これは一人さんが、「上の気」で天とつながって、天からアイデアをいただいている証拠です。

一人さんは言います。

「上気元でいると自分も楽しいし、まわりも喜んでくれるし、天からいっぱいアイデアももらえるんだよね。

でもこれが不機嫌になると自分も楽しくないし、まわりもイヤだし、悪いものとつながっちゃうんだよ。

だから俺は、1秒たりとも不機嫌でいたくないの。

そのためにもまず、自分の〝気の持ち方〟を意識することと、『自分は上気元でいるんだ』と決めて、実践することが大事なんだよ」

思考が現実化する法則 31

❶「上気元」の人になるには、自分の機嫌や状態を意識し、自分はどうありたいかを常にイメージすること

❷「上気元」でいれば、おのずと〝上の気〟をもっている人とつながる

❸「上気元」でいれば、天ともつながり、いいアイデアがもらえる

32…

自分で自分の限界を決めない

やる前から「自分には無理」と多くの人が、自分で自分の限界を決めてしまいます。素直になって思考の幅を広げるとあなたの限界はもっと広がります。

土地は人の手を入れずに放置しておくと、雑草が生えて荒《あ》れるばかりです。

その土地から米や麦、野菜や果物を収穫したいのなら、まずはその土地を耕す必要があります。

雑草を抜き、石やゴミのような不必要なものを取り除き、そして土を十分に耕してあげたところに種を蒔くと、根を張りやすく、土から水や養分も吸収しやすくなり、よく育つのです。

人の思考も、これと非常によく似ています。

なにも考えていないと、人の心は不安を感じるようになっていきますし、さらにその不安を放っておくと、その不安が心の中にどんどん広がっていきます。

だから、私たちはその不安をまず取り除き、思考の土壌を耕して、成功やしあわせの種を蒔いて、その実を収穫するのです。

思考の土壌を耕すとは、**考え方を柔軟にすること、そして素直になることです**。

いくら良い種を蒔いても土壌が硬いと根を張れないように、頭が固いと良いことを受け入れることができなくなります。

だから素直な気持ちで人の話を聞き、良いことを聞いたらすぐに実行にうつす。

うまくいかないときは、他のやり方を試したり、改良して、また実行する。それを繰り返しながら思考をどんどん広げていくと、あなたのできることも次第に増えていくのです。

思考の大きさが、人間としての器を決める

土地が狭いとそれに応じた収穫しかできないのと同じで、思考が狭いとそれに応じたことしか考えつきません。

思考の大きさとは、器の大きさです。つまり、**思考の大きさが、人間としての器量も決めるのです。**

人は勝手に、自分で限界を決めてしまいます。

やりもしないで、「これは自分にはできない」と決めつける人もいれば、一度の失敗であきらめてしまう人もいます。

実は私も、最近、自分で勝手に自分の限界を決めていることに、気づかされることがありました。それは5億円のペントハウスを購入した直後のことです。

私は、「これだけ大きな買物をしたあとだから、当分は節約したり、ほしいものも我慢しないといけない」と考えていました。

すると、その考えを見透かしたかのように、一人さんが私にこう言ってくれたのです。

「恵美子、おまえは何十億というお金を毎年稼いでいるし、独身だから、彼氏もたくさんつくっていいんだよ。

おまえは豊かなんだから、もっと自分のキャパシティを広げることを考えな。

おまえの器は、今の自分が思っているよりもっと大きいんだよ。

それを、観念で器を狭めていると苦しくなるし、そのことがストレスの原因になるんだよ。

もちろん、ムダ遣いはいけないし、贅沢《ぜいたく》しろって言ってるんじゃないの。

そうじゃなくて、おまえはもっと豊かになることができるんだよっていうことを言いたいんだよ」

それを聞いた私は、心がすごく軽くなりました。

そこで私は大阪のペントハウスとは別に、東京にペントハウスを借りることにしたのです。

その物件も、私が借りたいと思っていたところが偶然にも1室だけ空いていて、借りることができました。

そして、それが2度目のテレビ出演につながり、さらには自分の夢の実現にもつながったのです。

観念の縛りを外して自分の思考を広げると、引き寄せる力もこれほど早く、強くなるんだということを実感する出来事でした。

思考が現実化する法則 32

❶素直に人の話を聞き、良いことを聞いたらすぐに実行する
❷思考の大きさが、人間としての器を決める
❸思い通りの人生を送るために、限界を決めずに思考を広げる努力をする

33…

「正しさ」よりも「楽しさ」を優先する

自由に思考を広げようと思っても「正しいかどうか」を考えると、躊躇《ちゅうちょ》してしまうことがありますね。そんなときは、「正しさ」よりも「楽しさ」という基準で考えてみてはいかがでしょう。

私たちの思考の中には、他人の考えや価値観などの様々なものが入り混じっています。

それは、親や先生に言われたことや、社会のルール、知識など、様々です。

それが「観念」となって、あなたの思考に影響を与えているのです。

「これは自分の考えなんだ」と思うことでも、知らず知らずのうちに観念から影響を受けたり、支配されていることがあります。

「正しさ」というのも、それは世間がいう正しさなのか、観念から作り出した正しさなのか、あなたにとっての正しさなのかは別です。

算数の問題で「1＋1＝？」と聞かれたら、答えは2になります。

でも、人生の答えは人によって違います。

「まわりの人がみんな、そう言っているから」というと、その答えは一見正しそうですが、言っている人が多いからといって正しいとは限りません。

正しさはときに、人を傷つけます。また、正しさばかりを追いかけていると、人は苦しくなるのです。

だから、なにかを考えたり判断するときに、**「正しさ」という基準に加えて、「楽し**

さ」という基準を加えてみるようにしてください。

その「楽しさ」も、ただ自分が楽しいというだけではなく、**相手も楽しくて、さらにまわりや、より多くの人が楽しくなることを考えるのです。**

自分だけが楽しいよりも、多くの人が楽しんでくれたほうが、喜びはより大きくなります。

人が死んだときに、神様から聞かれる二つのこととは？

私は「正しさ」か「楽しさ」かで迷ったときは、**「正しさ」よりも「楽しさ」を優先するようにしています。そのほうが必ず結果的にうまくいくのです**（もちろん、公序良俗に反するケースは別ですが・笑）。

それと、**常に「楽しいこと」を集めるようにしています。**

ふだんから楽しいことを集めていると気持ちが明るくなり、思考も「上の気」で満たされます。

そうすると、まわりに影響されることなく、常に上気元でいることができるのです。

これは一人さんから聞いた話ですが、人は死んだときに神様から二つのことを聞かれるのだそうです。

それは、**「あなたはこの人生を楽しみましたか？」ということと、「まわりの人にやさしくしましたか？」ということです。**

たった一度の人生ですから、一つでも多くの「楽しい」を集めて、魂のふるさとに帰ったときには、笑顔で「私はこの人生を目一杯、楽しんできました！」と答えられる人生を過ごしたいですね。

思考が現実化する法則 33

❶なにかを考えるときは、「正しさ」に加えて「楽しさ」というものさしを入れて判断する

❷「正しさ」と「楽しさ」で迷ったときは、「楽しさ」を優先する

34

どんな試練も乗り越えられる三つの法則

問題が起こったとき、不機嫌になると冷静な判断ができず、ミスや失敗の傷口が広がります。私の体験談を通して、大きな問題が起こっても、冷静に対処できるとっておきの法則をご紹介します。

本来、人間のしくみは「上気元」な状態でうまくいくようになっています。

それが不機嫌になると、心や身体が〝誤作動〟を起こしてしまいます。

するとそのことが、判断ミスや失敗につながったり、病気となって表れるのです。

だから、常に楽しいことを集めたりして、自分の機嫌を「上気元」にする必要があるのですが、ときに不測の事態から不機嫌になってしまうこともあります。

私も先日、こんなことがありました。

東京から大阪の講演会に参加するために、タクシーに乗りました。

余裕をもって早めに東京のマンションを出たのですが、その日は事故の影響で空港に向かう高速道路は大渋滞！　車はまったく動きません。

講演会には、多くの方が遠方からもわざわざ来てくれます。だから絶対に遅刻はできません。

そう考えていると、一向に進まない道路状況にイライラしてきます。

渋滞状況や空港への到着時間を確認するために、タクシーの運転手さんに話しかけますが、その声もどこかキツくなってしまいます。

そこで、「いけない！　今、私は不機嫌になっている！」と気づいた私は、すぐに上気元にもどるための〝行動〟を起こしました。

非常事態のときに、私が上気元にもどるためにとった三つの行動

まず、私がやったのは「笑顔」になって、笑うことです。

運転手さんに向かって、笑顔で「大丈夫ですよ」とやさしく言って、微笑みました。

人は緊張したり、イライラしていると身体に余分な力が加わり、それがさらに緊張やイライラを加速させます。

だから、そういうときは**〝意識的に笑う〟のです**。笑うと身体がゆるみ、余分な力が抜けてリラックスできます。

次に私がとった行動は、**具体的な「対策」です**。

運転手さんに道路状況から空港への到着予測時間を聞き、それに合わせて飛行機の便を変更する手続きをとりました。

そして、会社のスタッフに連絡をとり、現在の状況と到着予定時刻を知らせ、遅れ

た場合の対策を相談しました。

そして最後に私がとった行動は、**「最悪の事態を想定してみる」ということでした。**

まず、このままさらに渋滞が続くことを考えてみました。でもそのときは、また、飛行機の予約を変更すればすみます。

次に、講演会に行けないという事態も考えてみました。

そのときは参加者の方に事情を説明して、ちゃんと謝ろう、そして、別の機会にもう一度、講演会をさせてもらおうと思いました。

そうやって考えていると、**「そうか。私はなに一つ、困っていない」ということに気づいたのです。**

すると、さっきまでのイライラや不安な気持ちはまったくなくなり、楽しくなってきました。

そして、運転手さんに、「飛行機は、次の便に変更したので急ぐ必要はありませんから、空港まで焦《あせ》らずに楽しく行きましょうね」と声をかけました。

すると、そこからなぜか車はスイスイと流れ、空港にはかなり余裕をもって到着することができました。

さらに、乗り込んだ飛行機の隣の方がすごく優しい方で、私の荷物を棚に上げてくれたり、話がはずんで私が本を書いていることを話すと、自分は会社の社長で、ぜひ社員に読ませたいから本を買います、と言ってくれたり、いいことばかりが続きました。

これが、もし最初のイライラを引きずったままだったら、私も笑顔になれずにブスッと不機嫌にしていて、こういうことは起こらなかったと思います。

問題が起こったら「覚悟」を決める。普段から三つの「ゆとり」をもつようにする

このことがあって、なにかあったときに、**「覚悟を決める」ということはとても重要だなと思いました。**

中途半端な心境だと、色々な判断を誤《あやま》ってしまいます。

でも覚悟を決めると、冷静な判断ができるようになりますし、それで不機嫌になることもありません。

それともう一つ、大切なことを学びました。

それは、**普段から「ゆとり」をもつようにするということです。**

具体的にはまず、**時間のゆとりをもつこと。**

そして**心のゆとりをもち、お金のゆとりをもつようにするのです。**

時間のゆとりをもつということは、段取りがうまくなるということです。段取りがうまくなると、自然と時間のゆとりが生まれます。

そして時間のゆとりができると、心のゆとりが生まれます。そして、その心のゆとりが上気元を生み、さらに豊かさにもつながっていくのです。

思考が現実化する法則 34

◆問題が起こったら①「意識して笑う」
②具体的「対策」をうつ
③「最悪の事態を想定する」

◆なにかあったら「覚悟を決める」。そして普段から「ゆとり」をもつ

35…

「困ったこと」を「ついてること」に変える方法

だれでもトラブルや問題が起こると「困った……」と思考停止してしまいがちです。でもそんなときこそ、自分をより良く変えるチャンス。問題を解決し、ステップアップする方法を教えます。

一人さんは昔から、**「困ったことは起こらないよ」**と言っています。

では実際に、本当に一人さんには〝困ったこと〟が起きないかというと、そうではありません。

会社経営をしていると、様々なトラブルが発生しますし、問題も起こります。

でもやっぱり、なにが起きても一人さんは困ったそぶりを見せません。

出会って40年になりますが、私は一度として一人さんが困っている姿を見たことがないのです。

問題が起きたときの、一人さんの思考はこうです。

まず、**「神様が自分を困らせるようなことをするわけがない」と考えます。**

次に、**「これは、『なにかもっと工夫をしなさい』という神様からのメッセージなんだ」と捉えます。**

そして、その問題に対する対策を徹底的にとるのです。すると、大抵の問題はそれで解決します。

さらに一人さんのすごいところは、ただ解決するだけではなく、問題が起こる前よりもさらに良い状態にしてしまうのです。

一人さんは他人と争うことを嫌います。

なにかトラブルがあったときも、相手を攻撃したり、非難するために力を使うのではなく、自分を改良するために力を使うのです。

このように、一人さんはいつも、「困ったこと」が起こったら、それを上気元で対処して、「ついてること」に変えてしまいます。

これこそが、まさに「一人さんの思考」であり、「上気元思考」のお手本だと思うのです。

「上気元」に変えると、「楽しいこと」ばかり起きる

先日、私の講演会に参加してくれたある方が後日、こんな報告をしてくれました。

その方は講演が終わってからも私との記念撮影や、一人さんファンの仲間たちとの楽しい話に花が咲き、ご主人が車で迎えに来てくれていることをすっかり忘れていました。

気づいたときには、約束の時間からすでに30分以上経過しています。

携帯を見ると、メールや着信の履歴が多数……。

急いで待ち合わせ場所に行くと案の定、ご主人はかなり不機嫌です。

いつもなら、そのままお互いに不機嫌になって気まずい空気が続くか、言い訳が口ゲンカに発展してしまいます。

でも、この方は私の話を聞いたばかりなので、「上気元」になるためにまず、笑顔をつくりました。

すると、ご主人とこのまま気まずくなったり、ケンカするのではなく、「仲良くしたい」という気持ちが湧いてきたのです。

そこでまず、遅れたことを素直に謝り、講演会がすごく楽しかったこと、私と写真を撮ったり、仲間と話が盛り上がったために遅れてしまったこと、そして、こうした時間が過ごせたのもご主人のおかげであることを告げ、「本当にありがとうね。感謝してます」と言ったのです。

すると、それまで不機嫌だったご主人の顔がパッと明るくなり、その後は楽しい雰囲気で帰宅でき、さらにはそれ以降も、ご主人が以前よりすごく優しくなったのだそうです。

夫婦の間でも、自分が優位な立場でいたいから、「相手に謝りたくない」「負けたくない」という思考になり、自分を防御するために相手のことを非難してしまいます。

そうなると、お互いの「思考のスイッチ」が不機嫌に切り替わってしまうのです。

だから、なにか問題が発生したときは、自分の「思考のスイッチ」を上気元に切り替えることを意識しましょう。

そうすれば、必ずその問題は「困ったこと」から「ついてること」へと変わり、起きる現象も「楽しいこと」や「良いこと」に変えることができるのです。

思考が現実化する法則 35

❶トラブルや問題は、「もっと工夫をしなさい」という神様からのシグナル
❷上気元で対処すれば、「困ったこと」が「ついてること」に変わる
❸上気元でいれば、不機嫌な相手の気持ちも和らぐ

36…

「依存」や「執着」にとらわれず「自立」して生きる

たとえば、愛する存在を失ったときに、人は「依存」や「執着」にとらわれます。負の意識である「依存」や「執着」を手放し、毎日を「上気元」で生きるために大切なこと。それが「自立」です。

「上気元思考」を完成させるために、最も大切なこと。

それは**「自立」です。**

他人に機嫌をとらせず、他人の機嫌にも左右されない。自分の機嫌は自分で責任をとり、いつも上気元でいる。これが自立した思考であり、「上気元思考」なのです。

自立した思考をもつためには、「因果の法則」を知る必要があります。

「因果」とは、〝結果には必ずその原因がある〟ということです。

つまり、**あなたに起こったことは、すべてあなたに原因があり、その責任は必ず自分でとらなければならないのです。**

一見、自分の責任ではないと思えるようなことでも、実は前世からの因果であったり、自分が魂の成長のために、生まれてくる前に決めてきたことなのかもしれません。

いずれにせよ、自分に起こったことを他人のせいにしても、なにも問題は解決しません。

それよりも、「これもなにかの因果なんだ」と思い、上気元で問題に対処する。そうすると、その因果は消えて、その分だけ自分の魂を成長させることができるのです。

「依存」や「執着」は自立した思考を妨げる

人はだれしも「愛されたい」し、「愛したい」のです。

親子や夫婦関係、または恋人同士など、密接な関係になればなるほど、相手に「依存」や「執着」をしてしまいがちです。

愛することは大切ですが、愛するあまり、そこから**「依存」や「執着」が生まれるとお互いに苦しくなるばかりか、自立した思考を妨げてしまいます。**

特に、人は愛する存在を失ったときに、その喪失感から抜けきれず、いつまでも「依存」や「執着」を続けてしまうのです。

これは、私の知り合いのご夫婦の話です。

そのご夫婦は先日、大切な家族の一員である愛犬を亡くしました。

すると、それまで良かった夫婦仲が急に悪くなり、ちょっとしたことでケンカをするようになったのだそうです。

それを聞いた私は、奥さんにこんな話をしました。

犬は無償の愛を主人に届けてくれます。その愛が亡くなったとき、そこにはポッカリと穴が空《あ》きます。

そのポッカリと空いた穴を自分で埋《う》めようとせず、相手からそれに代わるエネルギーを奪おうとするからケンカが起こるのです。

愛犬を亡くしたことはとても悲しいことですが、いつまでもそのことに「依存」や「執着」をして悲しんでいると、自分の穴を埋められないばかりか、亡くなった愛犬をも苦しめることになります。

愛犬にとっても、自分のご主人が自分のせいで苦しんでいる姿を見るのは、とてもつらいことなのです。

だから、まずはその愛犬に、それまで無償の愛を届けてくれたことに感謝する。そして、その空いた穴の大きさ以上に感謝で埋めてあげるのです。

この話とともに、「上気元」と「自立」の話もさせていただきました。

すると、それまで暗かった奥さんの顔色が明るくなり、心に上の気が満ちてくるのが私の目から見てもわかりました。

帰宅後奥さんは、早速ご主人に私から聞いた話をしたそうです。

話す前のご主人は不機嫌で覇気《はき》もなく、「自分もこうだったんだな」と思った奥さんは、そこで改めて上気元の大切さを実感しました。

でも、話を聞いたご主人もすぐに納得して上気元になり、それからはケンカもまったくしなくなり、もとの仲のいい夫婦に戻ったそうです。

喜びや楽しみの種を蒔けば蒔くほど、思考が現実化する速度は速くなる

一人さんは**「これからは『魂の時代』だよ」**と言います。

言い換えれば、これからは一人ひとりが「魂のしくみ」を知る時代なのです。

私たちは魂を成長させるために生まれてきました。

その成長のための課題はそれぞれ違いますし、だれかに代わってもらうことはできません。

すべてが自己責任であり、自分で蒔いた種は、必ず自分で刈り取らなければなりません。だれかに刈り取ってもらうこともできませんし、だれかが蒔いたものを刈り取ることもできないのです。

だから、一人ひとりが自立して自分の蒔いたものをせっせと刈り取る。今世で刈り取れなければ、来世で刈り取る。それは、良い種も悪い種も同じです。

その作業を苦しみながら行うと、また苦しみの種を蒔くことになります。

でも、それを楽しみながら行うと、楽しい種を蒔くことになるのです。

そうやって、楽しみながらせっせと自分の蒔いたものを刈り取って、まわりの人にも優しくしていると、やがてあなたのまわりは豊かになって、思考が現実化する速度もさらに速くなるでしょう。

思考が現実化する法則 36

❶マイナスの感情である「依存」や「執着」を手放し、「自立」して楽しい毎日を送ると決める
❷上気元で楽しい毎日を送るようにすると、思考が現実化するスピードが圧倒的にあがる

神様からのプレゼントを上手に受け取るコツ

あなたが生まれてきたとき、親はあなたに「しあわせになってほしい」と願ったはずです。

不幸になってほしいと思う親など1人もいません。

そして、私たち一人ひとりは生まれてくるときに、「しあわせになること」を誓って生まれてきました。

そのメッセージを、「オギャー」と生まれてきたときに、親に伝えているのです。

だから、みんなの生まれてきた目的は**しあわせになること**。

神様もそのことを願っています。

その本当の願いにつながるカギこそが、**「上気元」なのです**。

上気元でいれば、どこに行っても怖くありません。

それは、**天とつながっていることが実感できるからです**。

「使命」とは〝使う命〟と書きます。

だから、あなたは与えられた命という時間を使って、**自分を、そしてまわりをしあわせにするために生まれてきたのです。**

神様は気前が良いので、あなたにたくさんのプレゼントを用意してくれています。

あなたはそれを受け取る準備ができていますか？

不機嫌や中機嫌ではもちろん、受け取れませんよ。

苦しいことやつらいことがあっても、笑顔でがんばっているあなたには、きっと人知を超えた、喜びや感動を生む奇跡を神様が用意してくれています。

だから、上気元で、神様からのプレゼントをいつでも受け取れるように待っていてくださいね。

平成27年2月吉日

柴村恵美子

一人さんファンのみなさまへお願いです

「まるかん」では、お買い上げの金額によって、ステキなキラキラペンダントを、「まるかん仲間」の象徴として、プレゼントしています。

このキラキラペンダントに特別な力を期待して、商品をお買い上げになっても、そのようなことはありません。

万が一、キラキラペンダントの不思議な力を期待して商品をお買い上げになった方は、商品をお返しいただければ（未開封・消費期限内のもののみとさせていただきます）、お金を全額お返しいたします。ご遠慮なくお申しつけください。

商品を購入したお店に返しづらいようでしたら、本部までご遠慮なくお知らせください。

［商品お客さま窓口］
0120-497-285

観音様までの楽しいマップ

●ひとりさん観音（1995年12月8日建立）●
ひとりさんの寄付により、夜になるとライトアップして、観音様がオレンジ色に浮かびあがり、幻想的です。

●セレブ龍（2014年10月19日建立）●
ひとりさん観音の前方横に建てられた『金運アップ』の開運龍の石像です。

※ひとりさん観音とセレブ龍は、一人さんの弟子である、柴村恵美子さんが、故郷に建立されたものです。

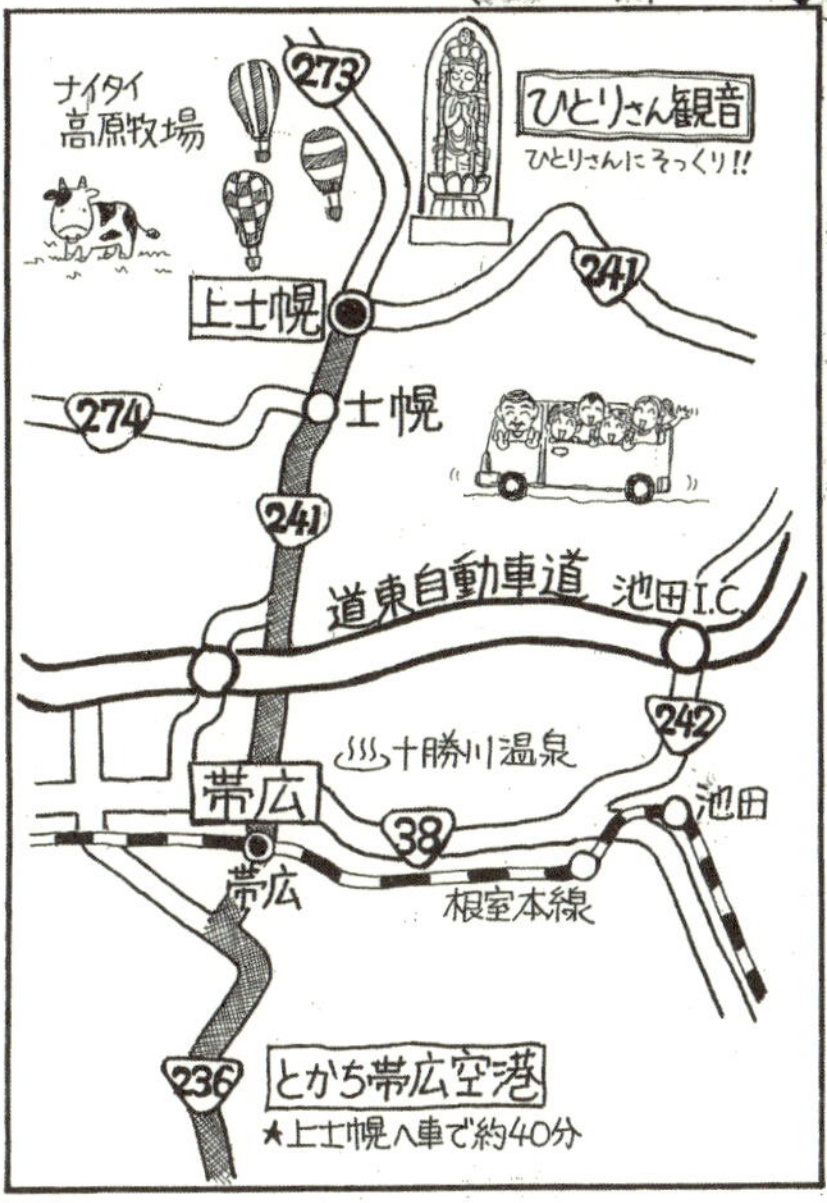

ひとりさん観音建立場所
瑞宝山　総林寺
住所：北海道河東郡
上士幌町字上士幌
東4線247番地
☎ 01564-2-2523

〈著者紹介〉
柴村恵美子（しばむら　えみこ）
斎藤一人さんの一番弟子。『銀座まるかん』柴村グループ代表。北海道生まれ。18歳のとき指圧の専門学校で、斎藤一人さんと出会います。数年後、一人さんの肯定的かつ魅力的な考え方に共感し、一番弟子としてまるかんの仕事をスタート。以来、東京や大阪をはじめとする、13都道府県のエリアを任され、統括するようになりました。また、一人さんが全国高額納税者番付で１位になったとき、全国86位の快挙を果たしました。現在に至るまで、一人さんの教えを自ら実践し、広めています。
主な著書に、10万部突破のベストセラー『斎藤一人　天が味方する「引き寄せの法則」』や『斎藤一人の不思議な魅力論』（以上、ＰＨＰ研究所）、『器』『運』『天』（以上、斎藤一人氏との共著、サンマーク出版）、『斎藤一人の不思議な「しあわせ法則」』（大和書房）などがあります。

〈柴村恵美子　公式ブログ〉http://ameblo.jp/tuiteru-emiko/
〈柴村恵美子　フェイスブック〉https://www.facebook.com/shibamura.emiko/

斎藤一人　天とつながる「思考が現実になる法則」

2015年４月１日　第１版第１刷発行
2015年５月７日　第１版第３刷発行

著　者　柴村恵美子
発行者　清水卓智
発行所　株式会社ＰＨＰエディターズ・グループ
〒102-0082　東京都千代田区一番町16
☎03-3237-0651
http://www.peg.co.jp/

発売元　株式会社ＰＨＰ研究所
東京本部　〒102-8331　千代田区一番町21
普及一部　☎03-3239-6233
京都本部　〒601-8411　京都市南区西九条北ノ内町11
PHP INTERFACE　http://www.php.co.jp/

印刷所
製本所　図書印刷株式会社

ISBN978-4-569-82412-3